新しい時代のレストラン業態

成功する
キッチンカー移動販売
開業法

（株）ワークストア・トウキョウドゥ
代表　烏川　清治

旭屋出版

目次

正 誤 表

本書に左記の通り誤りがございました。お詫びして訂正いたします。

13ページ後ろから3行目	(誤)買っていただいたた	↓	(正)買っていただいた
28ページ後ろから5行目	(誤)続けて来れました、	↓	(正)続けて来れました。
88ページ商品価格	(誤)780円	↓	(正)680円
104ページ前から6行目	(誤)欠かせなません。	↓	(正)欠かせません。
128ページ1行目	(誤)社団法人	↓	(正)一般社団法人
132ページ上部	(誤)設備する給水タンク	↓	(正)設置する給水タンク
136ページプロフィール2行目	(誤)イベントのンケータリング	↓	(正)イベントのケータリング
カバー袖プロフィール4行目	(誤)イベントのンケータリング	↓	(正)イベントのケータリング

目次

第5章　移動販売の設備　99

目次

はじめに

僕のキッチンカーとの出合いは、小学校4年生の頃です。1963(昭和38)年、東京の晴海ふ頭でホットドッグの屋台を創業した、父の仕事を手伝い始めた頃です。だからもう、半世紀に届こうとしています。18歳で独立し、30歳で「ワークストア・トウキョウドゥ」という会社を設立。2003(平成16)年には事業のひとつとして「ネオ屋台村」をスタートし、東京・大手町のサンケイビルや有楽町の東京国際フォーラムに、キッチンカーのオーナーの人達に出店してもらうようになりました。最初は30台位でしたが、現在の登録者数は1000台に届こうとしています。

どうしてここまで続けてこられたか。キッチンカーという商売が身近にあったことと共に、それが人生の中で一番大切な、〝人と人との心の触れ合い〟を実現してくれる、かけがえのない商売だからです。

僕は「ありがとう」という言葉が好きです。自分の作ったものに対して「ありがとう」と言ってもらえるのがうれしく、その言葉をかけられたくてがんばってきました。この仕事を通して、たくさんの人との出会いがありました。そこから、多くのことを学びました。それらは人生の1ページにしっかり刻印されています。現在まで続いている大切な絆もあります。

歳月を経て、キッチンカーが世間に注目されるようになったことから、「移動販売で成功する本」(2006年)、「キッチンカーの移動販売」(2015年。共に旭屋出版刊)と、これまで2冊のキッチンカー開業本を刊行してきました。いずれも好評につき、今回、第三弾を刊行することになりました。

これまでの商売で得た知識と、ネオ屋台村のキッチンカーの事例を例に挙げ、コロナの時代の先にある光を見据え、これからキッチンカーの商売を始めようと思っている人のために、開業法と商売に役立つヒントを書いていきます。

２０２０年からのコロナ禍で、飲食業をはじめ、商売の形は大きく変わりました。デジタル化が進んで他人と触れ合う機会がなくなっている今は、一番人間らしい時代ではないだけに、人と人とのつながりが欠かせない、「自分をアピールできる商売」として、キッチンカーはあらためて脚光を浴びようとしています。

コロナ禍で、人の流れがどう変わり、飲食行動がどう変わったのか、キッチンカー商売にどのような影響があったのかを振り返りながら、コロナ禍を乗り切るために必要なポイントをお話ししていきます。

またあわせて、キッチンカーに求められる新情報にも触れておきます。２０２１年６月の食品衛生法の改正にともない、キッチンカーの設備にも従来の基準から変更された点があるからです。これからキッチンカーによる移動販売を始めたいとお考えのかたは、新しい基準による衛生的な設備で安心・安全な態勢を整え、来るべきポスト・コロナの時代を迎えてほしいと思います。

第1章

ネオ屋台村とは

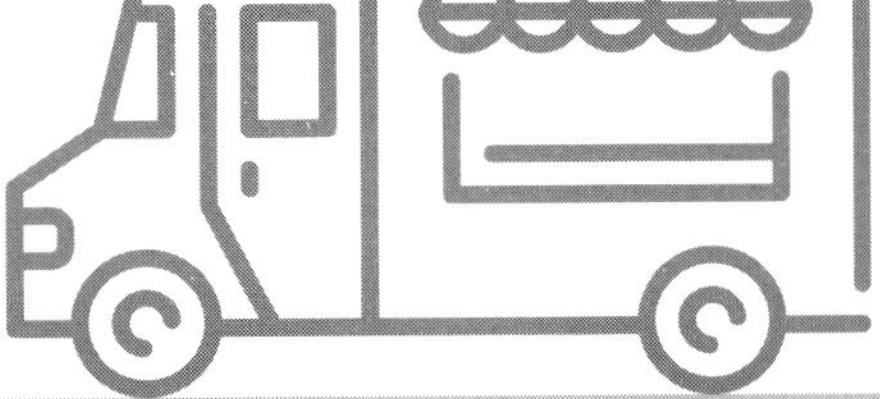

キッチンカー専用で、登録者数は1000店近く

本書では、「ネオ屋台村」という言葉がよく出てきます。ワークストア・トウキョウドゥが手がけている屋台の広場のことです。しかし、ただの場所があるだけということではありません。ここではキッチンカーの移動販売の特徴についても触れながら、「ネオ屋台村」がどのような場所であるかを説明しましょう。

2003年にスタートした「ネオ屋台村」は、東京国際フォーラム、東京サンケイビルなどに出店場所を確保し、登録してくれているキッチンカーにその場所を提供しています。街なかには、例えば商店街などに飲食店用のスペースを確保して、中にいろいろな屋台がたくさん入ったところがありますが、そのキッチンカー版と考えていただけると分かりやすいでしょう。登録者数は、現在1000店近くにも増えました。

メリットとしては、キッチンカーにとっては安心して営業ができる場所を確保できることになり、場所の所有者にとってはその場所には賑わいが生まれる。ネオ屋台村は、いわば賑わいを求めている場所とキッチンカーをつなぐ出会いの場ともいえます。

それが上手く機能していて、キッチンカーの人たちにも、場所を所有する人たちにも、「ネ

オ屋台村」と付き合って良かったと思ってもらったからこそ、閉村した場所もありますが、始めてからトータルで123カ所目の村ができ、登録者も増えたのだと自負しています。その陰には、ネオ屋台村事業部のスタッフ全員が、場所やキッチンカーの人たちと築き上げた豊かな人間関係があります。

出展者は、仲間としての気遣いも

「ネオ屋台村」に登録してくれているキッチンカーは、互いにライバルではなく仲間です。それは、決してうわべだけのきれいごとではありません。

朝、「ネオ屋台村」には、その日に出店するキッチンカーが集まってきます。みんなが集まったら、まず、協力して共有スペースのイスやテーブルを運びます。キッチンカーでメニューを買っていただいたお客様が、その場で食べたいと思ったとき、食べられるスペースをみんなで準備するのです。

そして、その日の営業が終わったら、みんなで場所を掃除します。ゴミ箱からあふれた容器があればそれを拾い、分別します。もちろん、自分のキッチンカーの容器でなくても拾います。またランチのピーク時間を過ぎ、その日の販売が終了すると、キッチンカー同士がメニューを交換する光景も見られます。お互いのメニューを食べながら、こうしたら売れたとか。これはいま一つだった…といった情報も交換し合うのです。

あるいはまた、「ネオ屋台村」に新しく出店したキッチンカーがある場合は、営業終了後に、他のキッチンカーの人たちがそこに集まり、互いを紹介し合ったりにぎやかに話したりします。新規出店者に対しての、新しい環境に早く慣れてほしいという気遣いです。

大切な〝いい具合〟

「ネオ屋台村」は、それぞれ個人オーナーのキッチンカーが集まっている場所。よく、隣近所は仲が悪いと言われますが、「ネオ屋台村」で商売している個人オーナー同士が仲良くなれるのは、そこに〝いい具合〟があるからです。

その〝いい具合〟とは、「同じ場所で、同じメニューは売らない」という紳士協定のことを指します。

例えば、東京・有楽町の東京国際フォーラムの「ネオ屋台村」には、毎日7～8台のキッチンカーが出店していますが、それぞれのキッチンカーが売るメニューは、すべて違います。あるキッチンカーが売るのはインドカレー、その横のキッチンカーはパエリア、またその横はロコモコ、その横はローストチキン…といった具合です。

その組み合わせが例えば月曜日なら、次の火曜日には、出店しているキッチンカーの顔ぶれは入れ替わります。中には複数の曜日に出店しているキッチンカーもありますが、基本的にはキッチンカーは毎日入れ替わるシステムです。いまでは「ネオ屋台村」の数が多いので、1台のキッチンカーが月曜日は東京国際フォーラム、火曜日はサンケイビル、水曜日は大学の構内…と、曜日によって各地のネオ屋台村に出店してくれるケースも増えました。そうした出店スケジュールを調整しているのが、ワークストア・トウキョウドゥのネオ屋台村事業部というわけです。

なぜ同じ場所に同じメニューが重ならないようにするか

登録いただいている1000台ものキッチンカーを、同じ場所で売っているメニューがダブらないように調整するのは大変です。でもそこは、どんなに大変であろうと、守り続けています。

それは、それぞれ違うメニューを売るキッチンカーが集まることで、お客様にとって魅力的な場所を提供するという狙いももちろんありますが、そこに出ているキッチンカーが仲間になれるからという理由も大きいのです。これがもし、同じ場所で同じメニューを売るキッチンカーがあったらどうでしょう。例えばカレーを売るキッチンカーが2台並んでいたら…仲が悪くならなくても、当然、お互いにライバル視し合います。

街では、あるコンビニが流行れば、すぐ近くにまた別のコンビニができます。大手チェーンの居酒屋もしかりです。その結果、仁義なき戦争が起こり、勝った方はいいが負けた方は撤退を余儀なくされます。

それが市場原理だと言われれば、そうかもしれません。しかし、「ネオ屋台村」は大企業のものでも、投資家のものでもない。「ネオ屋台村」に出てくれるキッチンカーのオーナーは、個人事業主です。誰もがリアルな生活がかかっている。そんな個人がお互いを尊重し合い、高め合う。きれいごとに聞こえるかも知れないが、「ネオ屋台村」は、そうした場所にしたかったのです。

お互いが切磋琢磨し合う「ネオ屋台村」

売るメニューが違っても、キッチンカーによって売上には差が出てきます。それは当然です。それぞれのキッチンカーが、それぞれ違う「自分ならではの一品料理」を売って差が出るなら、納得できるはずです。あるいは、もっと売れるようにしようと奮起できます。そのためのお手本は、扱う料理は違っても、すぐ近くにいるのです。だから、聞けば惜しみなく教えてくれます。

実際、ネオ屋台村では、売上のいいキッチンカーがあると、同じ場所に出店しているキッチンカーが、なぜ売れているのかを研究し、それは真似ることで売上を伸ばすケースが多々あるのです。

みんな仲間だから、成功体験を共有できる。そうやって切磋琢磨して、キッチンカー全体のレベルが上がり、「ネオ屋台村」の魅力も高まっているのです。

そんな「ネオ屋台村」に登録していただいているキッチンカーの人たちは、お陰様で増えています。しかし残念ながら、そうした新たな出店希望者の方たちすべてに、十分な場所を確保できていないのが現状です。

「ネオ屋台村」の数は増えてはいますが、こちらから場所の所有者に無理な営業をしないという方針もあり、出店希望者の数の増加に場所の確保が追い付いていないのです。申し訳なく思いますが、キッチンカーの仲間の輪を広げていくために、私たちはこれからも新たな「ネオ屋台村」の場所開拓を、無理のないスピードで続けていくつもりです。

「ネオ屋台村」のルーツとは

キッチンカーのオーナーとネオ屋台村事業部のスタッフが、素晴らしい場所に育ててくれた「ネオ屋台村」。そのルーツは、私が晴海ふ頭での屋台販売に限界を感じ、音楽イベントの出店を始めた頃にさかのぼります。

晴海ふ頭で出会った方から、音楽イベントへの誘いを受け、1995（平成7）年、「REGGAE JAPAN SPLASH」というイベントに初めて出店しました。そこで手ごたえを感じ、翌平成8年にイベントへの本格的な出店を決意。ベンツの大型バスを購入し、改造してイベント専用のキッチンカーを用意しました。そして平成10年に株式会社ワークストア・トウキョウドゥを設立。音楽イベントへの出店を続けていくうちに、同じイベント会場に出ていたキッチンカーの人たちと知り合い、仲間が増えていきました。

私は、そのキッチンカー仲間の代表として、イベント代理店とお付き合いをしました。すると、自分1人だけの頃より、イベント出店のお誘いが数多く舞い込むようになりました。そして、さらに仲間と一緒にイベントに出店すると、明らかにお客様の反応が違いました。それぞれクルマも違うし、売っているメニューも違う。それぞれに個性を持ったキッチンカーが何台も並んでいる様子を見て、お客様はすごく楽しそうでした。もちろん売れ行きも良くなりました。

その時、痛感したのです。自分のキッチンカーがどんなに個性的でも、しょせん1台は1台。しかし、そうしたキッチンカーが仲間になってまとまった数になれば、できることは広がっていく。もっと楽しさを与えることができる。

この体験が、「ネオ屋台村」のルーツになったのです。

人間関係が重要なキッチンカー商売

「ネオ屋台村」が誕生したのは、2003（平成15）年。

その前年に、東京サンケイビルでクリスマスの時期にイベント出店をしたことが、誕生のきっかけになりました。このイベントでお世話になったサンケイビルの川内様と、いろいろと話をしていくうちに、「サンケイビルの前でランチの販売もやろうよ！」と盛り上がり、翌03（15年）の春から2台のキッチンカーで「ネオ屋台村」はスタート。私の予想以上に、好評をいただきました。

イベント出店をして仲間の大切さを痛感していた私は、新しい仲間を増やすため、「ネオ屋台村」に出店してくれるキッチンカーを募集しました。

1台のキッチンカーが仲間になってくれると、今度はそのキッチンカーが自分の仲間を連れてきてくれました。中には20台ものキッチンカーの仲間がいる人もいました。このときも、やはり人間関係がすべてだと思いました。人と人とのつながりがあってこそ、すべてが上手くまわっていく。キッチンカーの商売も、まったく同じなのです。

そうするうちに、サンケイビル前の「ネオ屋台村」の成功によって、同年に東京国際フォーラムにも「ネオ屋台村」が誕生。その後、東京都内を中心に「ネオ屋台村」を展開してくことになります。

キッチンカー商売の本質とは

「ネオ屋台村」が誕生する前年の2002（平成14）年、私は長年続けてきた晴海ふ頭での販売から撤退しました。親父から譲り受けて、とてもお世話になった場所を去るのはつらかったものですが、時代の変化を身をもって感じた瞬間でもありました。

その頃、私は音楽イベントへの出店に軸足を移していました。そしてそれは現在まで続けています。

イベントでの販売と、「ネオ屋台村」のようなランチ販売では、同じキッチンカーでもまったく違います。ランチではリピーターを掴むことができれば安定した売り上げが見込めるのですが、イベントはやはり「一発当てる！」世界なのです。ハイリターンも期待できますが、当然リスクも大きいのです。

この本を読んでくださっている人は、おそらく大半がランチを対象にしたキッチンカーをやりたい人だと思います。イベントの話をされても、「自分とは関係ない」と思うかもしれません。しかし、路上や「ネオ屋台村」と、イベント会場はまったく違う場所ですが、ものを売るという本質は、同じです。ですから、イベントという場所の話に付き合ってください。イベントという場所で私が経験した話から、キッチンカーを始めたい人が何か一つでも感じてくれればうれしいです。

初めて出店した音楽イベント

私の主戦場であるイベント出店の第一歩となったのは、1995(平成7)年8月。初の音楽イベント「REGGAE JAPAN SPLASH」に出店した、この時であった。

「REGGAE JAPAN SPLASH」は、伝統あるレゲエのフェスで、今は開催されていませんが、復活を望む声は多くあります。それほど有名なイベントですが、実のところ私自身、音楽には全く興味がなかったので、その当時はそんなイベントがあること自体、まったく知りませんんでした。

その私に、出店しないかと声をかけてくれたのが、電気工事業を営む小林さんでした。小林さんと出会ったのは、晴海ふ頭での「みなと祭り」というイベントです。私はホットドッグを売っていて、小林さんはイベント設営の電気工事の仕事で晴海に来られていました。そこで知り合い、すぐに仲良くなりました。誰とでもすぐに友達になれるという私の特長が、役に立ったわけです。

「神奈川の横須賀でやっていた、REGGAE JAPAN SPLASHという面白いイベントが今度、東京の豊洲でやるんだ。一緒に出よう」

そう誘ってくれたのが、小林さんでした。

聞けば、1日のイベントの出店料は30万円。３００万円は売れるという話でした。

しかし結果はどうだったかというと、当初の目論見を大きく下回る１００万円の売上。損はしなかったが、利益はほとんど出なかった。しかしこの時の出店が、その後に設立することになったワークストア・トウキョウドゥにとっても、たいへん良い経験になりました。

1日300万円を売る態勢

まず、フェスというイベントを体感できたのが私にとって大きなことでした。それまで、私は音楽のイベントといえば、まず前座から始まり、その後登場する有名ミュージシャンの演奏を楽しむものという印象がありました。

しかし、私が体感した「REGGAE JAPAN SPLASH」は、数多く登場した個性的なミュージシャンすべてが主役だったのです。そこにたくさんの人が集まり、熱狂する。これはすごい、この場所は売れる。今回100万円しか売れなかったのは、僕のキッチンカーが100万円しか売れないキッチンカーだったからだ、と思い知らされたのでした。

その経験から、翌96（平成8）年、イベントへの本格的な出店を決意した私は、大型バスのベンツを購入し、イベント専用のキッチンカーに改造しました。1日300万円売れる態勢を整えるためです。

イベントで販売する、商品の構成も見直した。300万円売るためには、アルコールやソフトドリンクで売上を稼ぐ必要があります。300万円のうち、150万円をアルコールとソフトドリンクで売り上げることを目標にしました。アルコールで120万円、ソフトドリンクで

30万円が目安です。

大嵐の中での販売も体験

大型ベンツのキッチンカーを手に入れた私は、次はフジロックフェスティバルの第1回目に出店しました。ベンツのキッチンカーをつくった翌年の97（平成9）年のことです。この時も大変でした。

1日300万円を売るための態勢を整えた私は、意気揚々とフジロックの会場に向かいました。売上目標は、3日で1000万円。フジロックの集客を考えると、決して不可能な数字ではないと思いました。

ところが、1日目から大嵐に見舞われてしまいます。

大雨の中、売っていた焼きそばがラーメンのようになってしまうのを見て、これはダメだと観念しました。結局2日目からはイベント自体が中止になり、予定の3分の1ぐらいしか売れず、持っていった食材が大幅に余りました。これにはさすがにこたえましたが、これもイベントの宿命です。

ロックフェスのようなイベントは、屋外で開催されることが多いもの。屋外でやる以上、天候の急変や台風直撃といった事態も当然起こり得るのです。フジロックでは痛い目にあいましたが、私はますますイベントが好きになりました。

イベント前日に会場に到達すると、準備の人がいるくらいで、そこには、だだっぴろい広場があるだけです。しかし、そこが人、人、人で埋まり、屋台にも押し寄せてくる。この高揚感は堪らない。この感覚は、味わった人でなければ説明するのが難しいと思います。生きている実感が、そこにはある。

人のつながりが、音楽イベントに導いてくれた

1年の中で大きなイベントがあるのが、夏の時期です。7月から8月にかけて、思い出深いフジロックフェスティバル、茨城の海浜公園で行われるロックインジャパン、幕張のSUMMER SONIC（サマーソニック）が開催されます。どれも日本を代表する音楽イベントで、

規模も大きい。現在、ワークストア・トウキョウドゥはこのようなイベントに出店し、他にもいろいろな音楽イベントに参加しています。

「ネオ屋台村」と共に、ワークストア・トウキョウドゥの屋台骨を支えている音楽イベントへ私を導いてくれた、電気工事会社の小林さん、ありがとう。そして他にも決して忘れることのできない恩人がいます。

青山ナイト主催者の庄司さんと、クラブチッタの木嶋さんだ。庄司さんとも晴海ふ頭が出会いの場です。

私がホットドッグの屋台を出していた頃、庄司さんは犬の散歩をしていました。その時、ホットドッグを買ってくれたのが、そもそものきっかけでした。庄司さんもおもしろい人で、すごく気が合ってすぐに親しくなりました。そしてその庄司さんから、ある日、私に依頼が来ました。

「うちで主催している音楽イベントに、ホットドッグを売りにきてくれないか」

聞けば、その当時、庄司さんは川崎にあるクラブチッタで青山ナイトという音楽イベントを開催していました。そのイベント会場にホットドッグの屋台を出して欲しい、とのことでした。もちろん〇Kしました。現場に行ってみると、そこで紹介されたのが、クラブチッタの木嶋さんでした。

前述のように私は、音楽のことにはまったくの素人。そんな私を応援してくれたのが、木嶋さんでした。彼を知らない音楽関係者はいないのではないかと思うくらい、顔がききました。周囲の人みんなが、木嶋さんを信頼しているのが、伝わってきました。

木嶋さんは私に、音楽関係の人をたくさん紹介してくれました。紹介された人も、私の話をちゃんと聞いてくれました。ありがたかった。こうした人と人とのつながりによって、私は音楽イベントへの出店を広げていくことができたのです。

キッチンカーのための大舞台を作る!

これまで、人と人との豊かなつながりによって、音楽イベントへの出店を続けて来れました、そしてワークストア・トウキョウドゥは、2001(平成13)年、サマーソニックの飲食事務局を依頼されるようになりました。僕がイベントへの本格的な出店を決意してから5年後のことです。

その頃は、キッチンカーの仲間も増えていました。音楽イベントで出会った仲間たちです。

飲食事務局を依頼されたのを機に、そうした仲間たちにも声をかけ。一緒に出店しました。サマーソニックのような大規模なイベントは、たくさんのミュージシャンが出演する大きな舞台です。

と同時に、そこで飲食を提供する私たちたちキッチンカーにとっても、大きな舞台。ただ大きな会場を用意するだけでは、大きな舞台にはならない。そこで多彩な個性が発揮されてこそ、大きな舞台だ。大きな舞台で演じたいのは、ミュージシャンもキッチンカーも同じだと思いました。

キッチンカーのための大きな舞台を作りたい。その思いが、ネオ屋台村へとつながっていきました。個性的なキッチンカーが集結するネオ屋台村は、いわばキッチンカーのフェスティバルなのです。

サマーソニックの飲食事務局を毎年続けていく中で、2003（平成15）年に「ネオ屋台村」が誕生します。そして翌04（平成16）年、サマーソニックには100台近くのキッチンカーが集結しました。それまでは、イベントが中心のキッチンカーが出店していましたが、その年は、イベントのキッチンカー、「ネオ屋台村」に登録しているキッチンカー、そしてどちらでもない一般参加のキッチンカーが、一緒に出店しました。とても大きな舞台でした。

コロナ下でも、広がるネオ屋台村

「ネオ屋台村」はこれまで順調な歩みで来れましたが、どの業界の会社とも同じで、コロナでつまづきました。しかし、つまづいたままではいられません。これを機に、新たな試みを始めました。

その一つが、医療従事者にお弁当を提供することです。東京都病院協会と一緒に、いろいろな医療機関やワクチン会場に行きました。

２０２０年の東京オリンピック・パラリンピックが1年延期になったことで、その間になにか違う仕事ができないかと、私たちのオリンピック対策チームで手掛けてきたのです。また、２０２1年に開催された東京オリンピック・パラリンピックでは、会場スタッフ達に食事を提供しました。

これからは、社会に貢献しながら、環境にやさしいことをしていきたいと考えています。ソーラーシステムで蓄電しながら動かすなど、環境にやさしいキッチンカーの在り方が求められる時代です。

大阪、仙台、九州には、同じように地域のキッチンカーを取りまとめてくれている人がいて、連携して出店したりもしています。最終的には世界をまとめて、「もっと面白い世界」を作れたらいいな、と夢を描いています。

第2章

コロナ禍の影響と、キッチンカー商売の現状

コロナ禍で、街の人の流れはどうなったか

「非日常」のランチタイムを提供できることが、キッチンカーの良いところです。毎日の仕事の中でランチの時間は、おいしいものを食べてリフレッシュし、午後の仕事に向けてエネルギーをチャージする大切なひととき。混雑するお昼時に飲食店選びに時間を費やさなくても、食欲をそそる香りなど五感でアピールしてくるキッチンカーの前でメニューを選ぶのは、店主との人間味に満ちた関わりを含めて、しばし日常を忘れられる大切な「非日常」の時間なのです。

しかし、2020年1月からのコロナの時代になって、街の人の流れはすっかり変わりました。皆が夜早く帰宅するようになり、人通りは減って街全体が寂しくなってしまったのはご承知の通りです。

またコロナが落ち着いてきても、企業が新しい働き方としてリモートワーク、時短などを取り入れた影響で、オフィス街の人口が以前より30％位少なくなりました。そのためにすべての飲食店、すべての商売が変化を余議なくされました。キッチンカーのオフィス街での売上も、人口の減少に比例して、以前の7割位になってしまいました。

コロナ禍で、飲食行動はどうなったか

人々の飲食行動も変わりました。アルコール販売自粛ということで、夜に外食ができなくなりましたから、飲食店を利用するかたたちはランチ時間がメインとなりました。

その利用も、外食から中食、内食が中心になることで、逆に外出先で食べる食事に対して特別感を抱くようにもなりました。そのため気軽に食べたい人たちのテイクアウト需要が増えました。また飲食店でも「密」を避けるために客席を減らし店内利用者数を抑え、その分の売上をカバーするためにテイクアウトの営業に力を入れるようになりました。

しかしコロナがひと段落することで、新たに始めたテイクアウトをあきらめるお店も増えています。店内売りとテイクアウトを同時に行うことは、人手や手間の問題もあり、慣れない店にはなかなか難しいようです。

そんな中でキッチンカーの良いところは、限られたランチ時間にあぶれてしまったお客様のところへ直接行けることです。コロナ以前からですが、キッチンカーが、日常の中により溶け込んできたという感じを受けます。キッチンカーの良いところは、クルマ1台の身軽な商売であること。いま売れるものを売り、売れなくなったら、売れるものに切り替える。そんなフッ

トワークの軽さもあります。

自分の経験を例に挙げると、親父の屋台を継いでから8年後、お台場が有名になり、晴海ふ頭の集客力が低迷。危機感を持ち、ホットドッグ以外の商品を増やし始めました。たこ焼き、クレープ、宅配ピザが流行ったときは、そうしたメニューもやりました。ブームは長くは続きません。ハンバーガーチェーンが上陸してホットドッグ人気が下火になったように、新たなライバルも出てきます。そんな変化を敏感に察知し、今売れるものを売るのがキッチンカーの原点だと思います。

そしてコロナの状況下でも出店志願者が増え、商売ができる場所を探して行っていますが、商売を継続することは、そんなに簡単なことではありません。身軽ではあるものの、決して甘い商売ではないのです。今も、繁盛しているのは、本当に努力している人。全体の中で「勝ち組」が3割、その中でも、本当の勝ち組は1割だけ。そして「どうにかやっている人」が4割位ではないでしょうか。

キッチンカー商売への影響には、どのようなものがあったか

コロナ禍では、人の集まるイベントも中止となりました。正直なところ、これがキッチンカー商売にとって、大きな痛手でした。人が大勢集まるイベントは、週末など期間は限られるものの、短時間で大きな利益が確保できるからです。しかしコロナの影響によって、ランチを売りながら週末にイベントに行っていたお店がランチのみの営業になったり、週末もランチの販売に行って、売り上げを確保しているという状況です。

また前述のようにオフィス街の人出が少なくなり、売上が少なくなりましたから、お昼にオフィス街のランチに行って、夕方になると団地、マンションの下へ向かうなど、出店場所が増え、毛色が変化してきました。オフィス街以外に商圏が増えてきたというのが現状です。

売上状況をコロナ前後の比較でいうと、コロナ前はイベントという大きな「山」があったのに対して、コロナ後は全体に広く平坦な状況というイメージです。

コロナ禍を通じて、キッチンカーを利用されるお客様の変化

団地には、昔は夏祭りなどに呼ばれてよく行きましたが、通常の生活の中ではほぼありませんでした。最近では、団地に住む人は「家庭料理に1品足したい」と、おかずを買いに来てくれます。巣ごもりで自炊を始めたが、飽きてしまったり、レパートリーが尽きてしまったかたからの利用があったのです。ただ、コロナの初めの頃に比べて、最近はその需要が薄れ始めてきているようですので、コロナ後、団地周辺での商売を考える人は新しい料理で家庭での需要を掴む必要があるといえるでしょう。

オフィス街での営業で良いところは、「常連さんを大切にしよう」と自慢の一品料理を出し続けていれば、少なくなったとはいえよく利用してくれることです。リモートワークになって週1回しか出社しないけれども、その日のランチが楽しみで来てくれる、そういう人達に支えられて売り上げが少し確保できています。繁盛を続けている店は、どこもそうした姿勢でお客様に対応し、常連客を掴んでいます。

ポスト・コロナの時代を見据えて〜復活の予感

コロナ禍のオフィス街でも、熱心なお客様はいます。前に申し上げたように、少なくなった機会を楽しみにきてくれるのです。幾多の歳月を経て、キッチンカーは人々の生活にすっかり定着しました。ですから、コロナ禍が明けたら再び、キッチンカー商売に期待できます。

キッチンカーの開業希望者は増えています。その中で、コロナ禍を乗り切るために必要なことは、「個性を売る」ことです。いくらブームに乗っても、売る商品自体に魅力がなければ売れません。作り手の魂が入っていなくては売れないと思います。人を喜ばせよう、驚かせようと一生懸命工夫する。だから魂が入るのです。

18年前、ネオ屋台村を始めた時のコンセプトは「自慢の一品料理を食べていただく」ことでした。それぞれのキッチンカーのオーナーさんが「自分の一品料理」にこだわり、他とは違うオンリーワンの個性を売ったからこそ、ネオ屋台村は注目を集めることができました。それらを実行し、一生懸命やってきた人が、今も生き残っています。一品料理を作り、お客様を店のファンとして育てていったことで「今」があります。

コロナで出勤日は減っても、常連のお客様はきてくださいます。人は人がいるところに集まる。10人の常連客が並べば、来たことがない人も「おいしいのかな」と関心を持って並んでくださいます。その相乗効果が、我々の武器です。

第3章

成功から学ぶ！コロナ禍を乗り切るために大切なこと

大切な「原価率」意識

では、キッチンカーでは何を売ればいいでしょうか。

これは前章でも述べましたように、各自が自信を持って売れる「自慢の一品料理」です。そのためには、素材選びからから始めて、調理法や味付けにも研究を重ね、納得のいくものにすることが大切です。

しかしその一方で、商売ですから最終的には利益を上げることが目的ですから、原価率を意識することが必要です。原価率は、業種によって大きく変わります。特に原価の低いコーヒーと料理ものを一緒にすることはできませんが、料理を売るのであればおおむね35％くらいが平均的な原価です。

コーヒーは原価が安いと言いましたが、その反面、売値も料理メニューほど高くはできませんので、売上金額も変わります。コーヒーを売るのであれば1日2万円、料理ものを売るのであれば、売る人なら1日4万2～3千円と考えておけばいいでしょう。

キッチンカーの売れるメニューにも〝流行り〟がある

開業希望者が増えてきましたので、差別化のため、前述のように「自慢の一品料理」を作ることが必要です。

ただ、その料理内容にも時代によって売れるもの・売れないものがあるようです。「自慢の一品料理」はおいしいことは大前提ですが、お客様の嗜好の変化を読み取っていくことも大事だと思います。

そこで、「ネオ屋台村」でのこれまでに「売れたメニュー」の推移を挙げますので、今後の参考にしてください。

「ネオ屋台村」を例にとっても、取り扱うメニューは、スタートから18年を経て、変わってきました。昔はアジア料理が流行り、特に女性客に好評でした。アジア料理が少し落ち着いて和食の時代になり、再びタイ料理がブームになりました。最近はステーキなど、肉料理が好評で現在に至っています。

現在も続く肉ブームは、２０１４年に始まった「肉フェス」の影響があるのかもしれません。ただ、牛肉は原価が高く利幅は薄いので、たくさん売れても儲けがわずかになってしまいます。

ランチとして売るにはよく考えて工夫を凝らさないと、なかなか厳しいメニューです。牛肉は事前に焼いておくと硬くなってしまうなど、調理方法は難しいけれど、上手にやっている人は売れています。中でも、ローストポークはここ3年位で流行り始めた新しい料理です。薄切りの豚肉を低温調理で仕込み、柔らかく仕上げたおいしい一品です。

事前にどこまで仕込むかも、売上には重要

提供方法も進化しています。キッチンカーの移動販売がメインとするランチの時間の鉄則は「時間をかけない提供法」です。1時間でどれだけ出せるかが勝負。お客様は時間がないので、1分以内に提供するためのオペレーションが必要になってきます。すぐ盛り付けられるように料理を温めておいて、ワンディッシュで出せるように、事前にどこまでがんばって仕込んでおくかがスピードにつながります。もちろん、きれいに盛り付けることは当たり前のことです。ボリュームを持たせておいしそうに見せるなど、どの店もいろいろ工夫していると思います。目の前で、注文が入るたびに一生懸命作り続けるキッチンカーの人たち。そのライブ感あふ

れる姿は魅力的です。なにより、自分が注文した料理を、目の前で作ってくれたり、あたためてくれたりしたものを盛り付けて手渡ししてくれる安心感が大きいと思います。キッチンカーの料理は工場で作ったものではなく、人が人のために作っています。だから、また買いにきてくれるのです。

これからのキッチンカーに必要な売り方・接客

また、キャッシュレスの時代になりつつあります。コロナ禍ということもあり他人との接触を気にする人も増えましたので、キャッシュレスを利用して、接触しないでスピーディーに提供する、ということも必要になってきました。ただキャッシュレス決済では、業者によって手数料が変わりますので、そのことも事前に検討することが、売上確保にとって大切になります。それ以外で提供までのスピードアップを考えるには、袋に入れるのを、お客様にお願いする、といった対応も考えてください。

そして忘れてはならないのが、対面販売の際のコミュニケーション。キッチンカーでは、特に私は「愛情表現」だと思っています。キッチンカーは、アナログな、人間らしい商売なのです。ですから、人間として一番良い商売だと思います。

商売の本質は、人助けだと思います。何かに困っている人の手助けをする。そのお礼としてお金をいただく。人助けができるのはうれしい。がんばっていいものを作ろうと努力するし、儲け過ぎてはいけないと思います。その思いを形にしたのが商品です。その思いは買った人に必ず伝わります。だからお金を払いながら、「ありがとう」と言ってくれるのです。キッチンカーは「ありがとうと言ってくれてありがとう」と感謝し、ますます熱意を持って商品を作ります。感謝の応酬です。個人で正直に商売をやっていると、感謝の応酬が生まれる瞬間が必ずあります。それが僕達個人事業者の醍醐味であり、本質だと思います。

「触れ合ってはいけない」と言われている今の世の中でも、人と人とのつながりで支え合って生きてきているのです。そうした中、お客様との距離が近いキッチンカー商売は、昔でいうなら屋台のようなものです。極端な話、特においしくない店でも、店主に会うために店に行くというお客様もいました。店主にファンが付くというのが、対面販売の醍醐味です。

常連さんがきたら「新しいおかず作ったから、食べてみてよ」、「卵1個サービスね」とか、帰り際に「風邪ひかないようにね」。それだけでも、それらは皆良い言葉です。商売をやっていく上ではそういう言葉が大切なのです。

私も含めて、キッチンカーの出店者は意外に不器用な人が多いと実感します。おいしいものを作るのに一生懸命だから。だから、素直でいいのです。最初のうちは対応に慣れなくても、一生懸命やっていれば多少のことには目をつむってくれる。一生懸命に取り組んで、お客様がほっとするような温か味のある店であることが大切です。

第4章

コロナ禍で奮闘するキッチンカー

Mr.Chicken★鶏飯店

シンガポールチキンライス（海南鶏飯）は、シンガポールの郷土料理。日本でいうと、そばやうどん、ラーメンのような位置付けだそうだ。向こうではワンコインで食べられるものもあれば、高級ホテルのメニューにも載っている。それを売り物にしたキッチンカーが『Mr.Chicken』だ。

さまざまな香味野菜を配合した鶏がらスープで炊いたタイ米（100%）に、ゆで鶏や揚げ鶏をのせたもので、一度食べれば舌に記憶が残る魅力的な料理だ。ゆで鶏は鶏がらスープでゆで、揚げ鶏は五香粉という独特の味のスパ

スタッフの田中太士さんと、大塚みゆきさん。忙しく接客にあたっていた

イスをまぶして揚げている。北京ダックのようなイメージの味。鶏はもも肉で、一人前130～140g程度。オリジナルのチリソースは、代表の一人である中井浩太氏がシンガポールから持ち帰ったレシピで、醤油ベースのやや甘みのあるソース。他にダークソースと生姜ソースがあり、どれも鶏やご飯とぴったりマッチしている。メニューはホワイト（ゆで鶏）、ブラウン（揚げ鶏）、ミックス（ゆで鶏と揚げ鶏）の3種類で各700、750、800円。

　キッチンカーでの営業を始めたのは、2011年。まだ料理の知

ブラウン（揚げ鶏）　750円

名度が低く心配だったが、低リスクのキッチンカーから始め、受け入れられるかどうか試したという。ワンコインで販売し、気軽に食べてもらって次につながるようにした。反応が良かったので固定店舗も作り（五反田と品川に2店舗）、そこではさまざまな東南アジア料理を提供している。

　オーナーは、前出の中井氏と加藤大夢氏の2人で、両者とも幼少期から青春時代までをシンガポールで過ごした。大好きな現地の料理を、日本に広めたいという思いで始めたという。中井氏が単身シンガポールにわたり、レストラン

ミックス(茹で鶏と揚げ鶏)
800円

で2年ほど修業をし、技術を持ち帰って開業した。向こうの味をそのまま再現しているため、このご時世でも旅行気分が味わえる。

仕込みを店舗で行い、キッチンカーでは鶏をカットして盛り付け。お客の目の前で行うパフォーマンスで、ライヴ感と出来立てのおいしさが楽しめる。調理上では、「肉の柔らかさを保つための湯加減の塩梅が難しい」そうだ。

車種はニッサンのキャブオーバーで、中古を購入し、業者に依頼して200万円位かけて製造した。シンガポールの国旗である赤と白を外装デザインに取り入れて

セントラルキッチンで仕込んだチキンを、キッチンカーでカット

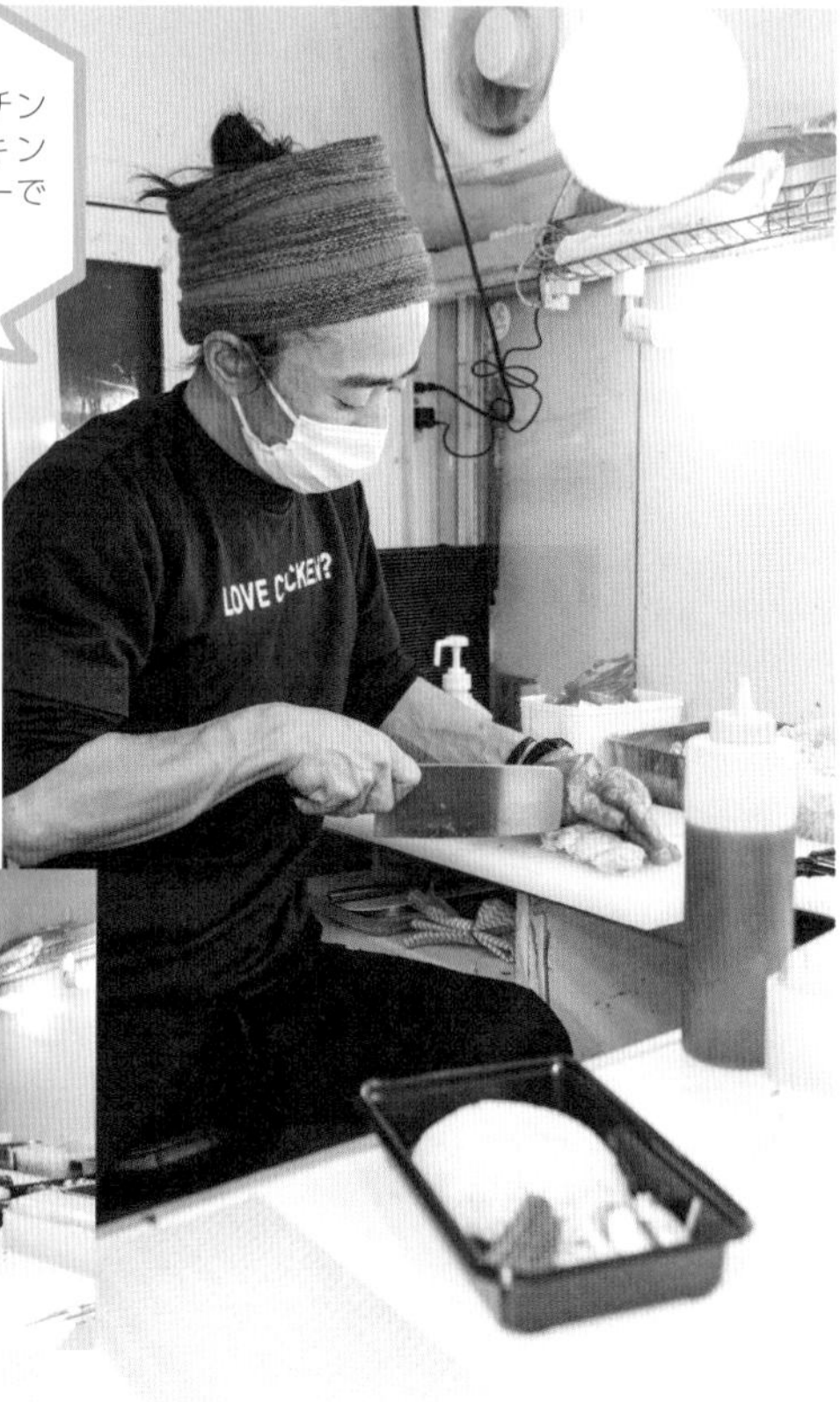

オリジナルのソースは、シンガポールから持ち帰ったレシピで作られている

いる。店内には冷蔵庫とシンク、排水タンクを積んでおり、調理器具は置いていない。

キッチンカーは8台に増えた。最初は路上に止めて苦情がくるなど、苦労が絶えなかった。持ってくるものを忘れる、金庫を忘れるなど失敗の積み重ねでマニュアルが増え、成長を遂げてきた。「ワークストア・トウキョウドゥさんと出会ったことで、安心安全に営業できる場所を提供、手厚いサポートで営業に専念できるよう尽力いただいています」。毎日8カ所（東京国際フォーラム、渋谷キャスト、東京サンケイビル、富士ソフ

その日の気分に合わせて、セットメニューが選べる

海南鶏飯はシンガポールの郷土料理

ト秋葉原ビル、東京大学など）、週平均40カ所を回っている。

1台で1日140食ほどを売り上げ。営業時間は11時から14時（場所によって変わる）。従業員はアルバイトも含めて35人。国籍を問わず積極的に雇用している。誰が行っても同じスピード、同じクオリティーで同じものを提供できるようにマニュアルを作成し、トレーニングを積んでいる。

コンセプトは「食を通して日本と東南アジアの架け橋になること。将来は他の商材を使用し、新しい料理を提供することも考えています」と中井さんは話す。

Hawaiian DELI PARADISE

ロコモコやバーベキューチキンなど、ボリュームたっぷりのハワイアンフードを提供する『パラダイス』は、2003年4月に営業をスタート。今年で20年目を迎える。

オーナーは杉浦拓行氏（48歳）で、娘の里奈さん（27歳）と共に、2台の車で都内を回っている。拓行氏が海外に行った際、キッチンカーを見て「日本でもはやるのではないか」と思って始めたという。「ロコモコをやろうと思ったのは、小さい子供から年配者まですべての層に受け入れられると思ったからだそうです」と里奈さん。

杉浦里奈さん。オーナーである父の拓行さんと共に、都内を巡回している

ロコモコを中心に6種類のメニューがある

車はキッチンカーの製作会社に依頼して改造

車はマツダのキャブオーバーで、キッチンカー製作会社に依頼し、330万円をかけて改造した。鉄板、ソースの保温器、シンクを搭載している。

メニューは、ロコモコが3種類（醤油ベースで日本人好みに仕上げたグレービーソース、ジューシーハンバーグにデミグラスソースをたっぷりかけ、温泉卵をのせたデミグラスソース、さっぱりトマトソースととろけるチーズの相性が良いイタリアンソース。すべて700円）。他にコンボ（ロコモコとBBQチキンの盛り合わせ。900円）、BBQチキン（パ

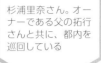

ロコモコ　グレービーソース

700円

リパリチキンに甘辛のBBQソースがかかったもの。700円）、アボカドタコライス（アボカドディップをのせたタコライス。750円）の全6種類。ライス大盛り、野菜増しの他、温泉卵、チーズ、アボカドディップなどのトッピングが選べる。

　ちなみにロコモコの基本の構成は、白飯、ハンバーグ、温泉卵、サラダ、マカロニ。ハンバーグは牛肉100％のオリジナルレシピ。サラダはレタス、マカロニはマヨネーズで和えてある。タコライスは、牛挽き肉をスパイスで炒めて、サラダとマカロニを添え、

アボカドタコライス

750円

アボカドをのせてサルサソースをかけたもの。「ロコモコのおいしさのポイントは、〝肉々しい〟こと。また、タコライスはピリ辛に仕上げてあるので、辛いもの好きの方に喜んでいただけます」と里奈さん。

日本橋にあるテイクアウト専門の店舗で仕込みを行い、キッチンカーで盛り付ける。「キッチンカー、店舗とも、ハワイのローカルな雰囲気が出るように作っています」

スタッフは里奈さんと両親の3人。「ワークストア・トウキョウドゥさんと仕事をして良かったこ

ソースは醤油ベースのグレービーソースなど、3種類

「お客様との会話も楽しい」と里奈さん

とは、出店場所が確保されていること、他のキッチンカーの方と情報交換ができることです」。出店回数は月、水、木、金曜日の４日間で、渋谷リバーストリート、東京芸術大学、東京医科歯科大学、渋谷Ｊ６フロント前など。営業時間は11時半から14時、木曜日のみ12時から15時。

「キッチンカーの魅力は、いろいろな現場に行けることです。２０２１年の東京オリンピックでは、スタッフのお弁当のお仕事もありました。大学では年下のお客様が多いので、いろいろなお話をしてくださって楽しいです」

ハワイのローカルな雰囲気を演出した看板

チキンと組み合わせたコンボメニューも人気

MOCHIKO chicken factory

鶏肉にお餅の粉を付けて揚げるモチコチキンは、ロコモコなどと並ぶハワイの郷土料理。日系人が伝えたと言われている。餅粉を衣にしていることで独特の食感と風味が生まれ、香ばしくて美味。

「一般のから揚げとの違いは、衣が硬めでパリッとしており、おかきのような風味がフワリと香ることです」と、代表の国弘　友さん。２００５年、前の職場の同僚だった清　裕美子さんと2人で、キッチンカーでの営業をスタートした。

「清がハワイに住んでいたことがあり、ハワイが大好き。ハワイ

代表の国弘　友さん。友人の清　裕美子さんと共に開業した

MOCHIKO Chicken
もち粉チキン
ハワイのから揚げ
衣に餅粉使用
秘伝の特製醤油だれ味

もち粉チキンは衣がパリッとして、おかきのような風味が香る

の料理を広めようと思い、マラサダというドーナツから始めました。しかし当時は認知度が低く、単価も安かった。ワークストア・トウキョウドゥさんから『ランチをやってみませんか』と誘われ、06年にモチコチキンを始めたのです。でも、ロコモコやタコライスは知っていても、モチコチキンは知らない方がほとんど。こういうものだと分かっていただくまでには時間がかかりました。おいしいものをキチンと出すことと、接客を丁寧に行うことで、リピーターになっていただけるようになりました」

セントラルキッチンで仕込んだチキンをキッチンカーで揚げ、熱々を提供

オリジナルのソースはすべて手作り。タルタルソースが人気

現在は6台の車と8人のスタッフで月曜日から金曜日まで、ランチの時間に、11カ所を回っている。客単価は770円位で、1日平均して100食、多い時で300食を売り上げる。

鶏のもも肉を独自の方法で処理、カットして、しょうゆベースのつけだれにひと晩漬け込み、餅粉を付けて揚げる。ひと晩漬けることによって熟成され、チキンにしっかり味が染み込むのだという。ソースは5種類で、定番と季節限定が年に3回変わる。人気のソースはタルタルとハニーマスタード。ソースもオリジナルで、

もち粉チキン　タルタルソース

750円

ハワイのプレートランチを再現した、オリジナルランチボックス

すべて手作り。

仕込みは、横浜にあるセントラルキッチンで行い、現場で揚げながら接客、揚げたての熱々を提供する。揚げ具合が同じになるよう、研修には長い時間をかけると言う。

「ワークストア・トウキョウドゥさんには最初からお世話になっています。いろいろな場所に呼ばれて行くことで、少しずつ成長させていただきました」

車はいすずのエルフで、キッチンカー専門の業者に改造してもらった。内装をオールステンレスにするなど素材にこだわったた

ソースは定番と、年に3回変わる季節限定がある

お腹がすいている時は、大盛りを

め、600万円の費用がかかった。「カウンターはこの位置で、窓の大きさはこの位など、細かくお願いしました。ここに看板を付けたいから、こういうふうに枠を付けてくださいとお願いし、使いやすいように設計しています」。設備は、フライヤー、鉄板、給排水タンクと冷蔵庫。サーフボードを使用した手作りの看板が目印。

「誰もやっていないこと、オリジナルであることがこだわりです。ハワイが大好きで、誰もやっていないことでハワイの魅力を広めよう、というのが私達の仕事の原点です」

笑顔で接客にあたる国弘さん

サーフボードで手作りした看板。ハワイの美しい海を思い起こさせる

Sea Breaze

毎週木曜日、渋谷のヒカリエデッキに出店している『シーブリーズ』。オーナーの菅井朝哉さんは、世田谷・三宿にあるフランス料理店の2代目オーナーシェフでもある。店名は共通して〝潮騒のせせらぎ〟の意。父親が葉山で創業し、1992年に三宿に移転してきた。

キッチンカーを始めた理由は、「店舗が手狭になり、テイクアウト事業を始めることで販路を拡大しようと思った。違う店舗を借りようと思いましたが初期費用がかかるので、キッチンカーという業態に目を付けたのです。フランス

菅井朝哉さん。東京・世田谷のフランス料理店の2代目オーナーシェフ

5種類のメニューは、親しみやすい洋食とフランス地方料理

料理のキッチンカーはまだ少ないので、ありがたいことにいろいろなところからお仕事をいただいています」

フランス料理のみでは料理のイメージがつかず、一見さんだと買いづらいなど難しいので、全5種類のメニューのうち3種類は洋食に近い、カレー、ハンバーグ、ローストチキン。「馴染みのある料理ですが、レストランの味になるよう仕込みに時間をかけています。他は、週替わりまたは日替わりでフランスの地方料理を出しています。パッと見て味の想像がつかないものもありますが、リピーター

店で仕込んだ料理を盛り付ける。この日のToday’s Plateは 牛バラ肉の赤ワイン煮

「一人で出来る範囲で、品質を落とさないよう集中して仕事をしたい」と菅井さん

のお客様は興味を持ってくださいます。最終的には、日替わりでフランス料理を販売したいというのが私の思いです。その入口として、洋食も提供しているのです」

　車はスズキのキャリーで、製造会社に依頼し、200万円ほどで改装した。「自分が立つスペースさえあればよい。費用を抑えるため、塗装もしないしロゴもつけないほとんどそのままの状態です。オーブンが積めないのが悩みの種でしたが、その代わり、上火だけ高火力のサラマンダーと、保温ウォーマーを積んでいます。サラマンダーは短時間で表面に香ばし

牛バラ肉の赤ワイン煮込み
850円

い焼き目を付けられるため、仕上げに使用しています」

コンセプトは「価格帯を下げても、レストランと同じクオリティの料理を提供すること」。原価の都合上、使用できる食材に制限がある分、レストラン同様の調理工程、技法を使い、質を落とさないよう工夫をしている。「手を抜いたものをやるくらいなら、店をやりません。ちゃんと仕込みをしてあるな、というのが分かっていただけると思います」。店舗でほぼ完成させ、こちらでは表面をパリッと焼き直し、盛り付ける。作り置き感が出ないようにしてい

葉山で創業したことから、"シーブリーズ(潮騒のせせらぎ)"の店名に

「フランス料理への入口となるキッチンカーにしたい」と言う

る。肉に塩を浸透させておくと、軽く焼き直しても食感がしっとりする。人気があるハンバーグの肉は牛と豚のミックス。かなり粗挽きでゴツゴツしており、「お肉を食べた」という気分にさせる。頬や喉などの珍しい部位を加えてさらに食感を良くしている。

　車両は1台のみで、スタッフは菅井さん一人。忙しい場所に行く時は一人増やしている。店舗は菅井さんを含めて3人。仕込みに充てている火曜日以外は毎日、都内を巡回している。営業時間は11時半から14時。土日は店の近くの世田谷公園、月曜日は渋谷、水曜日

か、いろいろな要望に対応できるように心掛けています。自分が作りたいものを提供することも大切ですが、皆様が求めているものについて、以前より考えるようになりました」

きたい。自分で管理できる範囲で品質を落とさないように集中する方が性に合っている。フランス料理を食べたことのない方が、最初に食べるきっかけになるようなキッチンカーにしたい。こちらで召し上がって気に入って店に来てくださることがうれしい。店にいるだけだと視野が狭くなってしまいます。外に出て仕事をすると、いろいろな方に買っていただかなければ商売が成立しない。お昼時に、どんなものが望まれているのか考えることが多くなりました。女性と男性でも欲するものが違う。ご飯少なめで野菜が多めと

はお茶ノ水、木曜日は渋谷ヒカリエ、金曜日は病院など。イベントにも参加している。「ワークストア・トウキョウドゥさんと組んで良かったことは、行けないような場所を紹介してくださるし、同じ場所で長い期間出店できるので、常連さんを獲得することができることなどです」

目標は70～80食、土日100食。それ以上になると仕込みに時間がかかりきちんと作れなくなるため、あえて個数を制限している。客単価は800円位。

「人に任せる気持ちはありません。一人でできる範囲でやってい

ROCKET CHICKEN

毎週月曜日、東京国際フォーラムに出店している『ROCKET CHICKEN』。和食出身の中島拓也氏と洋食出身の高橋房嗣氏が2人でアイデアを出し合い、「一度食べたら忘れられない、思い出に残るような名物料理」をコンセプトに開発に臨んだ鶏肉料理が、〝ROCKET CHICKEN〟だ。メニューを鶏肉に絞ったのは、手軽な食材として全世界で入手することができ、栄養バランスも良く、飼育コストも低く他の家畜と比べてエコで、宗教の壁も越えられるという理由から。「ジューシーなのに重くない、新感覚のチキンで

オーナーの中島拓也さん（左）とスタッフの川村よしひろさん

す。から揚げでもナゲットでもフライドチキンでもない、唯一無二の鶏肉料理なのです」と中島氏。盛り付けの形からROCKET CHICKENと名付け、それを屋号に2014年、藤沢市で開業。その後、茅ヶ崎市に移転して営業を続けている。

キッチンカーでの販売を始めたのは開業の翌年。お店の大ファンだった人から、「うちのイベントに出店しないか」と声をかけられ、レンタカーで出店したところ、とても楽しくて売り上げも良かった。「いろいろなところへ行き、たくさんの人に料理を届け

「店舗のある湘南っぽい、オリジナリティーにあふれた車にしたかった」と言う

ROCKET CHICKENは、唯一無二の鶏肉料理

る」ことが自分達の思いとマッチしていたので「これしかない！」と思ってキッチンカーでの販売を始めたと言う。

　なけなしのお金で中古のトラック（マツダ・タイタン）を購入、ホームセンターで買ってきた木材で内装を整え、中古のフライヤーと冷蔵庫、炊飯器を積んで営業を始めた。費用は170万円位ほどに収めた。「カラフルで湘南っぽい、オリジナリティーにあふれた車にしたかった」と話す。

　現在は2台の車でほぼ毎日、湘南と都内の約20カ所（東京国際フォーラム、東京大学、スズキヤ

ランチボックス（3ピース）

850円

鵠沼店など）で営業している。営業時間は11時30分から14時。スーパーでは11時から19時。

材料はほとんどが国産。ランチボックスは、ROCKET CHICKEN（十数種類のスパイスに漬け込んだ鶏の胸肉に、オリジナルの衣を付けて揚げたもの）に、ターメリックライスとサラダを盛り付けたもの。自家製のタルタルソースは、神奈川県内産のキュウリのピクルスを漬け込むところから手作りしている。スイートチリタルタル、レッドチリタルタル、照り焼きタルタルの中から選べるというエンタメ感もまさに

自家製タルタルソースをかけたROCKET CHICKENに、ターメリックスライスとサラダを添えたランチボックス

オリジナル。価格は2ピースが700円、3ピースが850円、4ピースが1000円、ご飯大盛りはプラス50円。週末はスーパーでお惣菜として、1ピース200円で販売している。1日に最低で100食、多い時には220食が出る。客単価は800円前後。

「自分達の商品がマッチする売場に出合うまでは失敗の連続でした。しかし商品の網羅性が高いことから、半年もしないうちに軌道に乗りました」

「ワークストア・トウキョウドゥさんと仕事をして良かったことは、仲介業者として大変人間味が

単品でも購入できる。スーパーマーケットでは、お惣菜として買い求める人が多い

そのおいしさから、数々のメディアで取り上げられている

あり、こちら側の意見も一生懸命聞いてくださり、親身になって応じてくれる。ケアが温かい。かといってわがままを言ってはいけないのですけれど」

従業員は、社員が4人。アルバイトを含めると13人。目標は、「現在フランチャイズのキッチンカーも3台あります。ROCKET CHICKENをもっともっと広めたいので、いろいろなところを回っていきたい。店舗の方にも力を入れたいです。食べてみなければ分からない、自慢のチキンをご賞味ください」

MIKAバインミー

ベトナム出身のグェン・フィ・フォックさんが作る、本場のバインミーの店。バインミーの他、鶏肉のお弁当も販売している。近年人気のバインミーとは、ベトナムのホットサンドイッチ。フランスパンに似た、皮が薄く中が柔らかいパンに、肉や野菜などたくさんの具とソースを挟んだもの。現在は西早稲田にテイクアウト専門の店舗があり、そこで仕込み、キッチンカーで仕上げている。

「最初は青梅で2年半営業し、その後、都内のオフィス街のランチタイムに出店するようになり、仕事数が増えてきました。移動を

オーナーのフォックさんは、日本語を学ぶために2008年に来日。派遣会社勤務の後、18年に開業した

楽にするために西早稲田に店舗を設けたのです」とフォックさん。

フォックさんは、ベトナム・ダナン市出身の32歳。２００８年に来日して日本語を学び、派遣会社で外国人の人材管理の仕事をしていたが、残業が多く、家族との時間が取れなかったことに不満が募り、退職。「ベトナム料理を広めたい」と18年にキッチンカーを始めた。MIKAは娘さんの名前。ベトナムでは自分や家族の名前を店名にすることが多いという。

「今は、仕込みの時間は長いが営業時間が短いので、妻や娘達と一緒の時間が増えました」と笑う。

チリソースとドレッシングをかけて提供

スペシャルバインミー

800円

メニューは、バインミーが７種類。スペシャルバインミーは４種類の豚肉（焼き豚、レバーペースト、挽き肉のミートソース、ハム）となます（大根とニンジンを甘酢に漬けたもの）と揚げタマネギ（８００円）、他にサラダバインミー（５５０円）、タコスバインミー（６００円）、卵、ハムとパテ（６５０円）、鶏野菜（６５０円）、焼き豚肉（６５０円）、ハーフ豚肉（４１０円）。お弁当が２種類。ハーフ&ハーフ鶏豚（８００円）とベトナムグリルチキン（７５０円）。バインミーはチリソースとドレッシング、お弁当は

「ベトナム料理はスパイスを多く使っているので、香りが良いのが魅力です」とフォックさん

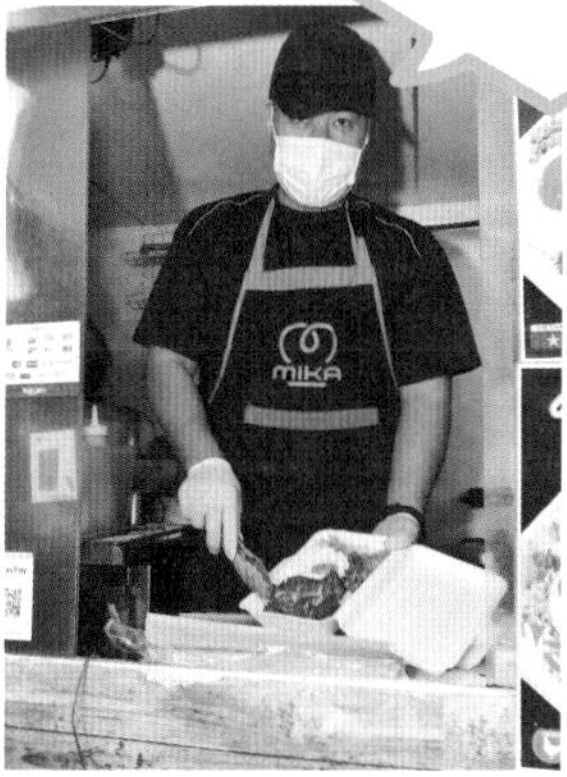

ハーフ＆ハーフ鶏豚

800円

チリソースとドレッシング、手作りのマヨネーズでいただく。

　全売上のうち、バインミーが60％、お弁当が40％を占める。

「ベトナム料理の魅力は、たくさんのスパイスを使っているため、香りが良いところです。お肉はナンプラーとヌクマム、トウガラシ、レモングラスなどで味付けをしています」。パンは友人のレストランから仕入れ、店舗で仕込みを行い、車で温めて提供する。車は日産のクリッパー。キッチンカーの製造会社に依頼して改造した。

　現在は毎日、2台の車で都内の

車は、日産クリッパーを製造会社に依頼して改造

MIKAは、フォックさんの娘の名前

5カ所（東京国際フォーラム、東京サンケイビル、御茶ノ水ソラシティ、渋谷キャスト、東京医科歯科大学）を回っている。営業時間は11時から14時。土日はイベントにも出店。スタッフは5人でフォックさんの他、社員が2人とアルバイト2人。

1日1台で約80食を販売。客単価は800円位。客層は20代から40代で、80％が女性。

「ワークストア・トウキョウドゥさんと組んで良かったことは、担当者の方が優しく、何か問題がある時、親身に相談に応じてくださることです。オフィス街は、バイ

バインミーは、若い女性の人気が高いと言う

7種類のバインミーと、2種類のお弁当がある

ンミーを分かってくださっている方が多いので仕事がしやすいです」

2022年春には、3台目がスタートする予定。「あとは、ベトナム料理のレストランをもう1店舗作りたいです」

マルコ

2017年、主婦の粕谷亜耶さんが始めたローストポーク専門店。

「もともと介護職に就いていたのですが、3人目の子供が生まれるタイミングで産休、育休を取りました。復帰した時に、子育てをしながら介護の仕事をするのがきついと感じた。会社に相談したら『料理が得意なら調理をやってみない？』と言われ、調理に異動しました。しかし、決められたメニューを決められたレシピで作ることに不満を感じたのです。自分がやりたいことができないので。そこで、以前から気になっていた

オーナーの粕谷亜耶さんは主婦で、3人の子供の母親でもある

ローストポークは適度な脂がのって柔らかく、食べやすい

キッチンカーをやってみようかな、と思ったのです」

　メニューはローストポーク1本。「家で初めて作ったら、主人が絶賛してくれました。『すごくおいしいから、これ専門でやった方がいいよ』という主人の後押しもありました」。商品として完成させるまでは、試行錯誤と研究を続けた。肉（肩ロース）の下味はシンプルに塩、コショウとニンニク。それを低温調理でローストして、焼き色を付けている。

「ローストポークは、食べ慣れない方もいると思います。でもビーフよりクセがなくて食べやす

ローストポーク丼　780円

いし、脂が適度に入っているので、しっとりして柔らかくておいしいです」。それにたれをかけ、白いご飯、ネギ、サラダ、半熟卵を添えて提供している。たれは3種類。にんにくしょうゆは甘めでこってり、酸味があってサラダにも合うオニオンペッパーは、ブラックペッパーが利いているので、お酒のつまみにもなる。和風おろしは大根おろしでさっぱりと食べられるので、年配者にも好まれている。

千葉県市川市行徳駅前にあるテイクアウト専門の店舗で仕込みをして、ローストポークとご飯、サ

Wのせ（温玉andねぎ）
830円

ラダを運んできて、キッチンカーでは盛り付けるのみ。「豚肉なので生だと怖いし、加熱し過ぎると硬くなる。温度と時間には十分気を配っています」

車は、日産のクリッパー。車自体は180万円位で、そこにコールドテーブル、冷蔵庫、スライサー、40リットルのタンクを積んでいる。

「まず1台から始めて今は3台に増えました。『初めて食べたけど、こんなにおいしいんだね』と言ってもらい、いろいろな現場に行くようになり、もっとたくさんの人に食べていただきたいという

車は日産クリッパー。今は3台に増えた

テイクアウト専門の店舗で仕込みを行い、キッチンカーで盛り付ける

思いから、台数もスタッフも増えました。今は、私を含めて7名です。思い立ってから出店までは半年位。お金を触る仕事をしたことがなかったので、お金の管理、仕込み、準備、大工仕事、メニューの作成、すべて一人でやらなければならないので、そこには苦労しました。ワークストア・トウキョウドゥさんと仕事をさせていただいて良かったことは、よく面倒を見てくださることです。子供の行事がある時は、代わりに来てくれる車を探しますよ、と動いてくれますし、相談したことに対してよく答えてくださるのがありがたい

ソースは3種類から選べる。和風おろしは、年配者の人気が高い

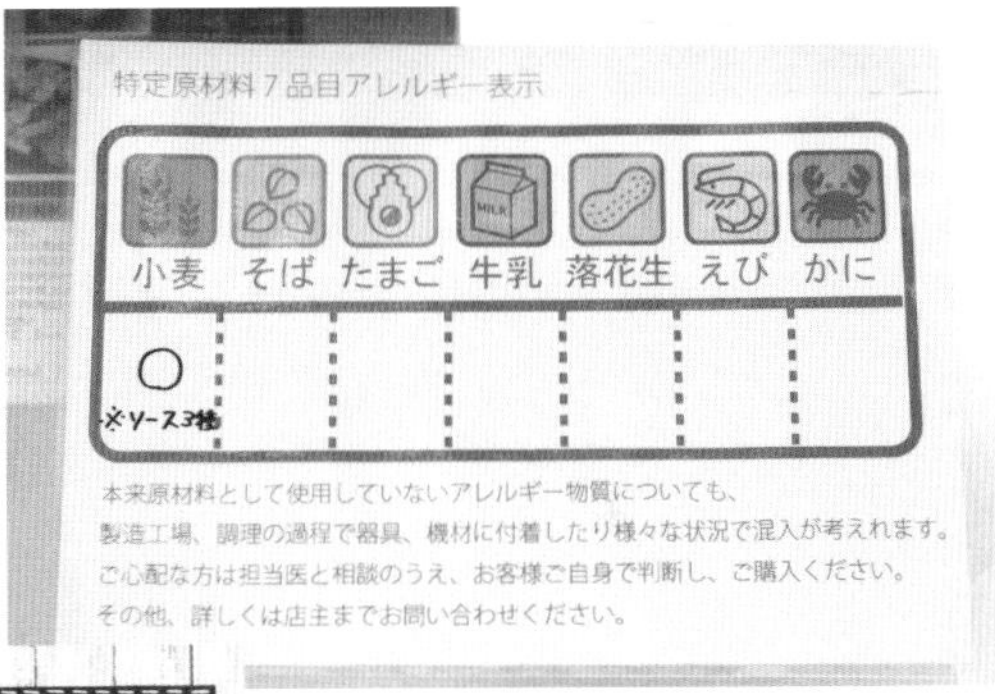

食中毒を心配する人も多いので、調理には十分気を配っている。アレルギー表示も

です」

　現在は火曜日から金曜日まで、都内の11カ所を回っている。営業時間は11時から14時まで。客単価は750円位。多い時で1日100～130食を販売している。「ローストポークのおいしさを、もっといろいろな方に知っていただくことが私の目標です」

ぐぅトラKitchen

２０１７年にスタートした、オムライス専門のキッチンカー。オーナーの岡崎純也さんは、「基本のぷりんセスオムライスに、毎週来てくださるお客様が飽きないように、６種類のトッピングと７種類のソースの中から自由に組み合わせを選んでいただけるシステムを取っています。ソースはすべて、ハーフ&ハーフが無料でできるようになっています」。

岡崎さんは28歳とまだ若い。横浜の「横浜ベイホテル東急」のレストラン部門に4年間勤務した後、開業した。ホテル時代、ライヴキッチンコーナーでお客の目の

オーナーの岡崎純也さん。有名ホテルのレストラン勤務の後、開業した

おいしそうに見えるよう、ディスプレイにも工夫を凝らす

前でオムライスを作り、喜びの声をダイレクトに聞くのがうれしくて、〝お客様の目の前で料理を作りながらお話ができるキッチンカー〟を始めようと思ったのだという。

「お腹が減ったらぐぅと鳴る。それにトラックのトラを合わせて〝ぐぅトラ〟。虎をマスコットキャラクターにしています」

車はスズキのキャリー。キッチンカーの製作会社に依頼し、機材込みで４５０万円をかけて製造した。作業台、コールドテーブル、ガスコンロ、鉄板、冷蔵庫、ソースを温める保煎機、ご飯を温める

ホテル仕込みのチキンライスは、適度な甘みで美味

日本橋の店舗で仕込みを行い、キッチンカーで盛り付ける

「お客様の目前で作り、喜びの声をダイレクトに聞くのがうれしい」と話す

保温ジャー、シンクを搭載している。シンクと作業台とコールドテーブルをすべて同じ高さにしたことと、物が置けるようにぐるっと1周、棚を作ってもらったことがこだわりだ。キッチンカー1台から始め、ホテル時代の同期や後輩などに声をかけてスタッフを増やし、2021年に法人化した（社名は㈱CookBuzz。料理でバズるという意）。現在は日本橋に路面店と、豊洲に別業態のレストランがあり、車も2台に増えた。

「5年前の開業時、オムライスの販売はすでに定着していたので、どうやって差別化を図るかが

クワトロミートオムライス　1000円

写真奥は鶏肉、牛肉、豚肉、鴨肉と4種類のお肉を使った欲張りオムライス！
手前は赤ワインでじっくり煮込んだホロホロの牛バラ肉と、野菜の甘みが美味しい！

ビーフシチューオムライス　900円

課題でした。2年目に、組み合わせ自由なオムライス専門店というコンセプトを思い付き、そこを伸ばしていきました。若かったこともあって同業者の先輩がアドバイスをたくさんくれたので、思い付くことを片っ端からやっていきました。ワークストア・トウキョウドゥさんと仕事をして良かったことは、出店先のオーナーと自分で交渉する必要がないこと、自分ではかかわることのできないイベントやケータリングの出店募集が多いこと、チラシやホームページ、SNSでマーケティングをしてくれること。また社員の方が優し

6種類のトッピングと7種類のソースを、自由に組み合わせる楽しさがある

お腹の鳴る音とトラックのトラをかけて命名。虎をマスコットキャラクターに

く、出店者の気持ちを理解してくださることなどです」

　仕込みはすべて店で行い、キッチンカーで卵を焼いてチキンライスの上に盛り付ける。耐熱ガラスの向こうで卵を焼くシーンがよく見えて、五感を刺激する。トッピングはハンバーグ、ソーセージ、鴨、海老フライ、ビーフシチュー、クワトロミート。ソースはケチャップ、ホワイト、トマト、デミグラスが無料で、贅沢ボロネーゼ、濃厚たらこがプラス100円、トリュフホワイト&チーズが150円。レシピはホテル時代に少しアレンジを加えたオ

リジナル。トッピングもソースも、ケチャップ以外はもちろんすべて自家製で、毎朝手捏ねで仕込むハンバーグが一番人気。牛7対豚3の合挽き肉に生パン粉、タマネギ、ナツメグ、塩、コショウ、ヨーグルト、牛乳、隠し味に赤味噌を加えている。

月曜日から金曜日までランチの時間（11時~14時）に都内の10カ所程を巡回、月に10日ほど、タワーマンションのラウンジでディナー営業も行う。土日はイベントやケータリング、マルシェに積極的に出店している。主な出店場所は、御茶ノ水ソラシティ、南青山エイベックスビル前、秋葉原富士ソフトビルなど。1台で1日90食前後、月で2500食を目標にしている。客単価は750円から800円。

販促活動もユニークだ。「お客様の顔を覚えるのが苦手だったので、LINEを利用したポイントカードを購入して常連客がひとめで分かるようにしました。今は3000人近くが登録してくれていて、月替わりのクーポンを配信したり、LINE内でアンケートを行い、オムライス総選挙をするなどお客様と共に店作りをするなどの工夫をしています。LINEでおいしかった、と言ってくださったり、差し入れをいただくなど、お客様との関わりが深くなっていくことが喜びです。毎週来てくださる方も、横浜から車で1時間かけて来てくださる方もいます。今後も、キッチンカーを少しずつ増やしていって、自分のオムライスをいろいろな方に食べていただきたいです」

第5章

移動販売の設備

車は動く広告塔

自分が売る一品料理が決まったら、それを売るためのキッチンカーが必要になります。移動販売を始める過程では、このキッチンカーづくりが一番楽しいことだ思います。

「キッチンカーづくりが一番楽しい」という理由は、移動販売を始めようと思う人は、クルマ好きの人が多いからです。キッチンカーのオーナーに、なぜ移動販売に取り組もうと思ったのかを聞くと、「かっこいいキッチンカーを見て、自分もあんなクルマでやってみたかったから」と答える人も珍しくありません。

私自身も、クルマが大好きです。それも、とびきり個性的な車が。前にもお話ししたように、イベントへの本格的な出店を決意したとき、ベンツの大型バスを買って改造し、イベント専用のキッチンカーをつくりました。ワークストア・トウキョウドゥ設立の年には、当時、まだ日本でほとんど見なかったグラマン・カーブマスターオルソンというクルマをアメリカまで探しに行きました。キッチンカーに改造したところ、トータルで1000万円はかかったものの、手に入れることができて、この時もうれしかったことを覚えています。夢が叶った瞬間でした。

営業許可をとれることが前提ですが、キッチンカーにも個性が大切です。キッチンカーが目立てば、それがアイキャッチになってお客様の数も増えるからです。動く広告塔なのです。

ワークストア・トウキョウドゥの部署には車両部があって、キッチンカーも作っています。費用は軽自動車なら、新車で250~300万円が目安です。ご要望に応じて、見た目も働きやすさも兼ね備えたキッチンカーを作れる自負があります。

クルマは大事だが、それだけが重要なのではない

車両部には、企業からキャンペーンに使うキッチンカーの依頼などもあります。でも、もし個人の人が僕の会社に来てキッチンカーをつくって欲しいと言われたら、私はこう答えると思います。「もし300万円の予算があるなら、50万円でご自分で作られたほうがいい」と。

移動販売という商売を選ぶ人は、失礼ながらそれほどお金を持っていないはずです。だからこそ、小資本で始められる移動販売に活路を求めて、独立する。自分の思いや夢を叶えるためにがんばれる。移動販売でお金を貯めたら固定店舗をやりたい、という人も多い。そういう目標を持つことは大切だと思います。

手元にもし300万円があっても、その全てをクルマに使ったら、備品の購入や食材の準備、その他もろもろを買い揃えることができず、いきなり借金しなければならなくなります。移動販売は、売る場所がなければ始まらない。売る場所を探すのはけっこう難しい。そしてすぐに見つかるとは限らない。だから、最初はできるだけお金をかけずに始めたほうがいいのです。300万円あったら、50万円でクルマをつくれば、250万円の余裕ができます。その分は、仕込み場の調達や売れる場所を確保できるまでのつなぎに使ってください。

クルマは、中古車の活用も考える

本気で移動販売を始めたい人は、中古車の価格を調べてみるといいでしょう。

軽自動車なら、探せば10万円くらいで買えるクルマもあります。あとは、厨房機器を売っている店でシンクを買ってつければいい。シンクは中古もありますし、新品でもそれほど高くはない。それにコンロや換気扇、電源などの設備をつけると、これも10万円くらいに抑えられるかもしれません。例えば、キャンピングカーのパーツにも、おもしろいものがたくさんあります。クルマの塗装も自分でやれば、塗装代も10万円くらいに収めることができます。

要は、自分自身でやるかどうかです。本気でやれば30～50万円からキッチンカーはつくれるのです。これから移動販売をやるなら、自分で改造してみてください。自分でつくったキッチンカーは、たまらなくいとおしい。魂が入る気がします。コストを抑えることはもちろん大事ですが、気持ちの部分も大事なのです。

稼げるキッチンカーのクルマに大切な条件

移動販売のキッチンカーとして使うクルマは、大きく分けて次の3つのタイプに分かれます。
●軽自動車　●普通自動車　●トラック
最近では、ここに牽引車も加わっていますが（コンテナハウスを牽引して移動販売を行う、固定店舗として営業許可をとるケースも）、特殊なのでここでは割愛します。

繰り返しになりますが、とにかく少ない投資で始めたい人は、軽自動車を選ぶことをおすすめします。ダイハツのミラあたりが一番小型の部類に入るはずです。まずは小さなクルマで始めて、商売が軌道に乗ったら普通自動車にステップアップしていけばいい。

中には小さなクルマで長年移動販売を続けている人もいます。本業は別にあって、週末だけ移動販売をやっているようなケースがそれにあたります。

資金面でも作業面でも、慣れないうちは小さなクルマで始めた方がいいのですが、ただ、稼ぐことを考えると、やはりクルマが大きくなれば売上も上がります。短期間で大きく稼ぐ必要があるイベントには、トラックのような大型のキッチンカーが欠かせなません。

売上を上げるために重要なのが、立って仕事ができるかどうかです。座ってしか仕事ができないキッチンカーだと、体にかかる負担が大きいので作業効率も悪くなる上に、お客様から注目されにくくなるためです。そこで最初は小さなクルマでも、資金に余裕ができたら、立って仕事ができるクルマを選んだほうがいいと思います。仕事はやりやすいし、何よりクルマ自体の注目度が高まります。座って仕事をしていたキッチンカーを、立って仕事ができるキッチンカーに変えたら、売上は倍増するはずです。

最後に、クルマはいつもきれいにしておいて欲しい。食べ物を扱う環境ですから、清潔感はとても大切。キッチンカーに毎日乗っていると、多少の汚れに敏感でなくなってきますが、そうした慣れが一番怖いのです。常に客観的な目で、自分のキッチンカーの中と外をチェックしてください。中古車でもピカピカに磨いてあれば、味が出て古さが魅力になります。

第6章

営業許可書を取得するための手引き

営業車の分類

キッチンカーによる移動販売を始めるにあたっての、クライマックスともいえるのが、それに必要不可欠なキッチンカーの準備です。細部に関しては後ほど詳しく紹介していきますが、ここではおおまかなところから説明していきましょう。

キッチンカーによる移動販売で営業を行うには、まず所轄する保健所に営業許可申請を行い、定められた施設基準に合致した施設をつくり、営業許可を受けることが必要になります。次に、実際の営業に当たっては、日々の営業では、施設や設備が基準どおりに維持管理されているかを常に点検します。また、食品の取り扱い等にも十分留意して、より安全で衛生的な食品を提供することが必要なことは、いうまでもありません。

その前提として知っておきたいのが、営業車の分類です。これから自分が始めようとしている移動販売のクルマは、どこに分類されるのかを知る必要があります。それによって、許可を得るための基準の内容も違ってきますし、施設や設備等も大きく異なってくるからです。そこで、どのように分類されているかを説明しましょう。

調理営業と販売業

営業者とは、自動車（ただし2輪のものを除く）に施設を搭載し、移動しながら営業を行う営業形態です。キッチンカーは大別すると、調理営業と販売業とに分かれます。

この2つを分かりやすく説明すると、調理営業は現場での調理作業があるもの。販売業とはどこか他の場所で仕込んで包装したものを販売するというもので、車内での調理加工はできません。

具体的な例をあげると、移動販売車でカレーライスとかホットドッグを売っているケースがありますが、これなどは調理営業です。また調理済み弁当などを売る移動販売は、販売業ということになります。

以前は調理営業も販売業も、保健所での営業許可を取得する必要があったのですが、令和3年6月の食品衛生法の改正により、原則全ての事業者にHACCP《ハサップ》に沿った衛生管理の下での営業を行うことで、弁当などの食品販売業は届出業種となりました。営業を行う場所に営業届出をしなければなりませんが、営業許可の取得は不要となりました。

なおHACCPに関しましては、参考書などがたくさん出ていますが、まずは保健所で相談をしてアドバイスを受けてください。

一方の調理営業は飲食店営業ですので、営業許可は必要です。ただし移動販売においては、それまでにあった「菓子製造業」「喫茶店営業」の区分がなくなり、「飲食店営業」に一本化されました。したがって、販売するメニューの内容いかんにかかわらず、すべて「飲食店営業」の許可が必要になります。

営業車の設備基準

営業車の設備基準については、調理営業と販売業に分けて、それぞれ細部にわたって基準が定められています。あらかじめよく理解し、それに沿って施設の設備を整えておかないと営業許可は取得できません。

では、どのような基準があるのでしょうか。調理営業の施設を例にとって、その一部を紹介すると次のようなものがあります。
①営業車は、給水性及び耐久性を有し、かつ固定された屋根及び壁を有する自動車とし、じ

んあい、昆虫等の侵入を防止できる構造であること
②施設内は、使用目的に応じて、区別すること
③調理加工を行う施設内は、取扱品目及び取扱量に応じた、十分な面積が確保されていること
④施設内の床、内壁及び天井は、清掃しやすい構造であること
⑤施設内は、十分な明るさを有する構造であること
⑥施設内に換気のできる設備又は構造を必要に応じて設けること
⑦耐久性があり、器具等を洗浄するのに適した十分な大きさの流水式洗浄装置を設けること
この他にも、いろいろな基準があるのですが、保健所が特に気にするのは、手洗いなどの水まわりと、外部からの埃、運転席との境が小ぎれいになっているかといったことです。大事なのは、あくまでも飲食店としての基本的な姿勢です。このことを、移動販売を始めようという人はよくわきまえておく必要があります。

細かい部分については、地域の保健所によって微妙に違っていることもありますので、注意してください。

例をあげると、右記の⑤に「十分な明るさを有する」とあります。漠然としている表現が、地域によっては照度を数字で明記しているところもあります。

ちなみに、調理営業の場合、水まわりに関しては、シンクと手洗い場の２つを必要とします。一方で、販売業は手洗い場があればＯＫ。

火元についても、出店先によって炭火やプロパンガスの使用が可能なところもあります。この点も、事前に細部までしっかりと確かめておきましょう。

また、２０２１年６月の食品衛生法改正によって変わった点があります。

コロナへの対応として、接触を避けるために「水道の蛇口ハンドルをレバー式にすること。または足で踏んで水が出るようにするなど、ひねらないで水が出るシンクをつける」ということ。それは、２０２１年の６月から取り入れなければなりません。

給水タンクの容量と、食品及び食器類の取り扱い

また、先の食品衛生法の改正によって、営業設備基準が全国統一になったことも、キッチンカー商売にとって大きな利点となりました。

給水タンクの容量の基準も、40リットル、80リットル、２００リットルの３種類に全国統一

されています。キッチンカーでは、このタンクの容量によって、調理工程や取り扱えるものなどが違ってきます。以下に給水タンク容量ごとの営業内容を紹介しましょう。

給水タンク40リットルの場合

このタンク容量で可能な調理工程は、揚げる・焼く・蒸すといった簡易なもののみ。また車内での一次加工や下処理はできず、扱えるのは単一品目のみとなります。下処理はできませんので、別の場所で下処理をしたものか市販の加工品を、車内で調理するというスタイルになります。食器類は1回限りの利用となります。

ここでの「単一品目」についても、少し解説しておきましょう。調理工程が同一で、類似の食品と認められる範囲のものを指します。例え

搭載する給水タンクの大きさと取り扱い食品及び食器類の内容

給水タンクの容量	食品及び食器類の取り扱い
40 リットル	調理工程は、揚げる・焼く・蒸す等の簡易なもののみ。車内で仕込みはできない。提供する食品は単一品目のみ。
80 リットル	大量の水を要しないもので、2工程までの簡易な調理のもの。車内で仕込みはできない。提供する食品は複数が可能。
200 リットル	大量の水を要するものや、複数の調理加工工程のもの。車内での仕込みが可能。また刺身や生野菜、生クリームの提供が可能。

ば「コロッケ」と「メンチカツ」は車内での調理加工操作が同一なので、単一品目の範囲とみなされます。対して「焼きそば」と「焼きとり」は調理加工の操作が異なるため、単一品目とみなされませんので注意してください。

給水タンク80リットルの場合

調理工程で大量の水を要する調理加工は行わないもので、2工程までの簡易な調理で対応できるものが対象となります。40リットルの場合と同様に、車内での一次加工や下処理はできません。取扱い品目は複数が可能になります。食器類は1回限りの利用となります。

給水タンク200リットルの場合

調理工程で大量の水を要するものや、複数の調理加工工程からなる調理で対応できるものが対象になります。この容量の設備の特徴は、車内での一次加工や下処理が可能となることです。また刺身や生野菜、車内でホイップした生クリームも提供が可能です。食器類については、飲食店と同じものが使えます。

以上のように、ここでは新しい許可基準になった給水タンクに関して説明しましたが、他の設備基準であっても、見落としが多いのが「許可条件の注意事項」です。分かっているようで、うっかり見落としていたり、勘違いしたりしていることが多いので、もう一度チェックしておきましょう。

ドリンク類の販売について

では、メニューとともにドリンク類の販売は可能かどうか。

販売が単一品目に限定されている、給水タンクの容量が40リットルの場合、ペットボトルやビン、缶のまま販売する場合は、単一品目と合わせて提供できます。ただし、そそぐ行為（コップに移し変える作業）があると、40リットルでは販売できません。その場合は、80リットル以上のタンクを設置すれば、大丈夫です。

また、昨年6月の食品衛生法改正によって緩和された点は、200リットルの給水タンクを積んでいれば、車内以外に別の仕込み場所はいらないということ。しかしそれが果たして良いことなのか、僕自身は疑問に思うところです。

食器類の取り扱い

食器類についても解説しましょう。給水タンクが40リットルと80リットルの場合、「一回限りの利用」とあります。これは、使い捨て容器のことを指しています。

使い捨て容器は、紙製でも、プラスチック製のものでもどちらでも構いませんが、最近では環境に配慮して紙製の容器を使うところが増えています。また、木のスプーンなども、使い捨てであればOKです。

昨年6月から変わったもうひとつの点は、これら営業許可のルールが、ワークストア・トウキョウドゥの厚生労働省への働き掛けによって、日本全国で同じルールに統一されたことです。ただし、細かい部分は、最寄りの保健所でも相談が必要です。

電気式冷蔵庫の設置義務

調理営業を行う営業車の設備としては、営業車の設備基準のところでも少し触れましたように、給水タンク、保管設備、換気設備、電源装置、冷蔵設備、廃棄物容器、洗浄設備、手洗設備等が必要です。

当たり前のことですが、飲食店営業の場合、手洗いとシンクは常に清潔にしておくことが大切。それと法改正により、取り扱い量に応じた電気式冷蔵庫の設置が義務付けられたのもポイントです。ただし、冷蔵を必要としない食品のみ取り扱う場合は、必ずしも電気式でなくてもいいことになっています。

給水タンクは、大容量のものには工夫が必要

前述の「給水タンクの容量と、食品及び食器類の取り扱い」で、条例の改正によって、軽自

動車でも200リットル以上の容量の給水タンクを設備すれば、多量の水を使用する麺類が扱えるようになったことは説明しました。

これは一見していいことづくめのようですが、気になる点もあります。

水1リットルは、ざっくり言って1キログラムですから、200リットルで200キログラムです。200リットルの水を積むということは、それだけの重量の荷物を自動車に積むということです。しかもそのタンクの重量もありますから、200キログラム以上になることは容易に予想できます。対して軽自動車は、クルマにもよりますが650キログラムから800キログラム超まであります。つまり200リットルの水を積むということは、クルマの重量の3割近い荷物を積むことになるのです。

走行した場合、車体が不安定になり、事故を起こす危険性も高くなります。つまり、自動車が動きだすと、給水タンク内に入っている水も前後左右に揺れて非常に危険になるからです。そこで水が前後左右に揺れないようにタンク内に仕切りをするとか、小さめのタンクをパイプでつなげて安定性を高めるなどの工夫が必要になります。この点は、専門家の意見を聞いて対策を立てる必要があります。

クルマの改造に関して

キッチンカーを始めようという人にとっては、クルマの改造は関心の高い部分だと思います。そのため、自動車の改造については、取り扱い商品に合わせてどこまで改造していいのかということをよく聞かれます。

「移動する必要のない設備等は、耐久性を有する方法により営業車に固定すること」といったことが基準として定められていますが、これはあくまでも原則論です。もちろん、原則は原則としてきちんと守りながら、保健所の担当者と相談して一番良い方法で改造することが大切になります。

ちなみに、作業台などをネジ等で取り外せるものに関しては、許容範囲とされていいます。また移動販売車は、多少経費はかかりますが、特殊車両に該当する8ナンバーを取得していた方がいいと思います。なぜなら、車検時に備品を取り外す必要がなくなるなど、事後の手間ヒマがかからなくなるからです。

第7章

営業許可申請の手続き（事前相談）

営業許可に必要な手続き

キッチンカーによる移動販売は、飲食物を扱う商売なので、飲食店と同様の営業許可が必要になります。

営業許可をもらって移動販売をはじめるには、次ページのような手順を踏まなければなりません。さらに、書類提出後、保健所と工事の進行状況などを連絡して打ち合わせ、さらに施設完成の確認検査を保健所立会いのもとで行う場合があります。それをパスすれば、営業許可書の交付がなされます。

ただ、担当者によって右に述べた手順はケースバイケースで行われる上に、都道府県によっても検査基準が異なる場合がありますので、事前に各保健所に問い合わせておいてください。例えば次ページの「①事前相談」では、営業車の設計図を持って、所定の保健所へ相談に行く必要があります。

営業許可書の手続きとその流れ

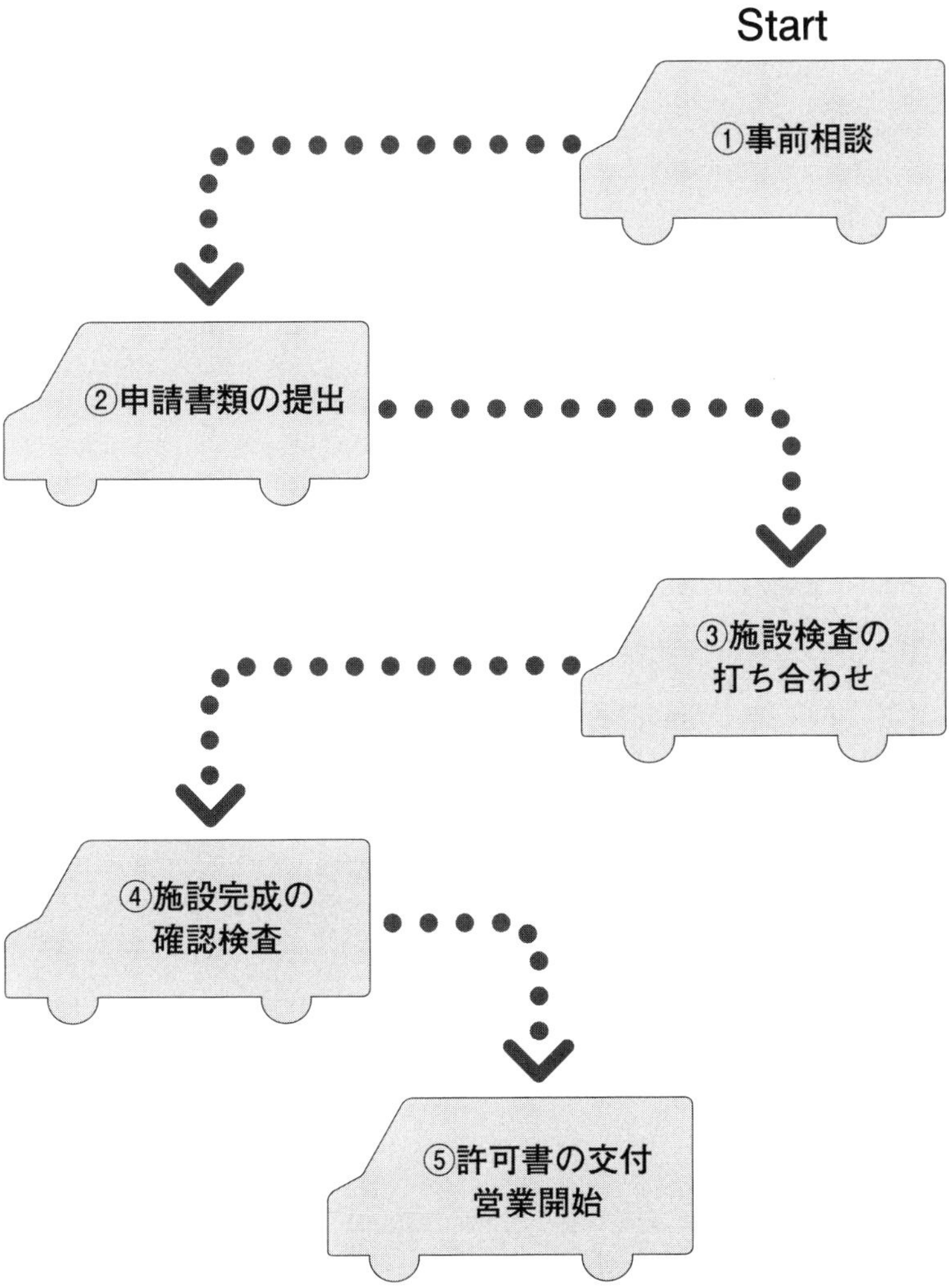

どこの保健所に相談に行けばいいか

では、どこの保健所に行けばいいのでしょうか。それは、それぞれのケースによって違ってきます。

東京の場合を例にとって説明しましょう。例えば、仕込み場所が都内にある場合は、仕込み場所の所在地を所管する保健所へ行きます。事務所あるいは自動車の保管場所が都内にある場合は、事務所または保管場所の所在地を所管する保健所へ行きます。申請者の住所が都内にある場合は所在地を所管する保健所へ行きます。

以上のどれにも当てはまらない場合は、主たる営業地を所管する保健所で、相談にのってもらうことをおすすめします。

次ページに「早分かり表」を掲載しておきますので、参考にしてみて下さい。

申請する保健所　早分かり表

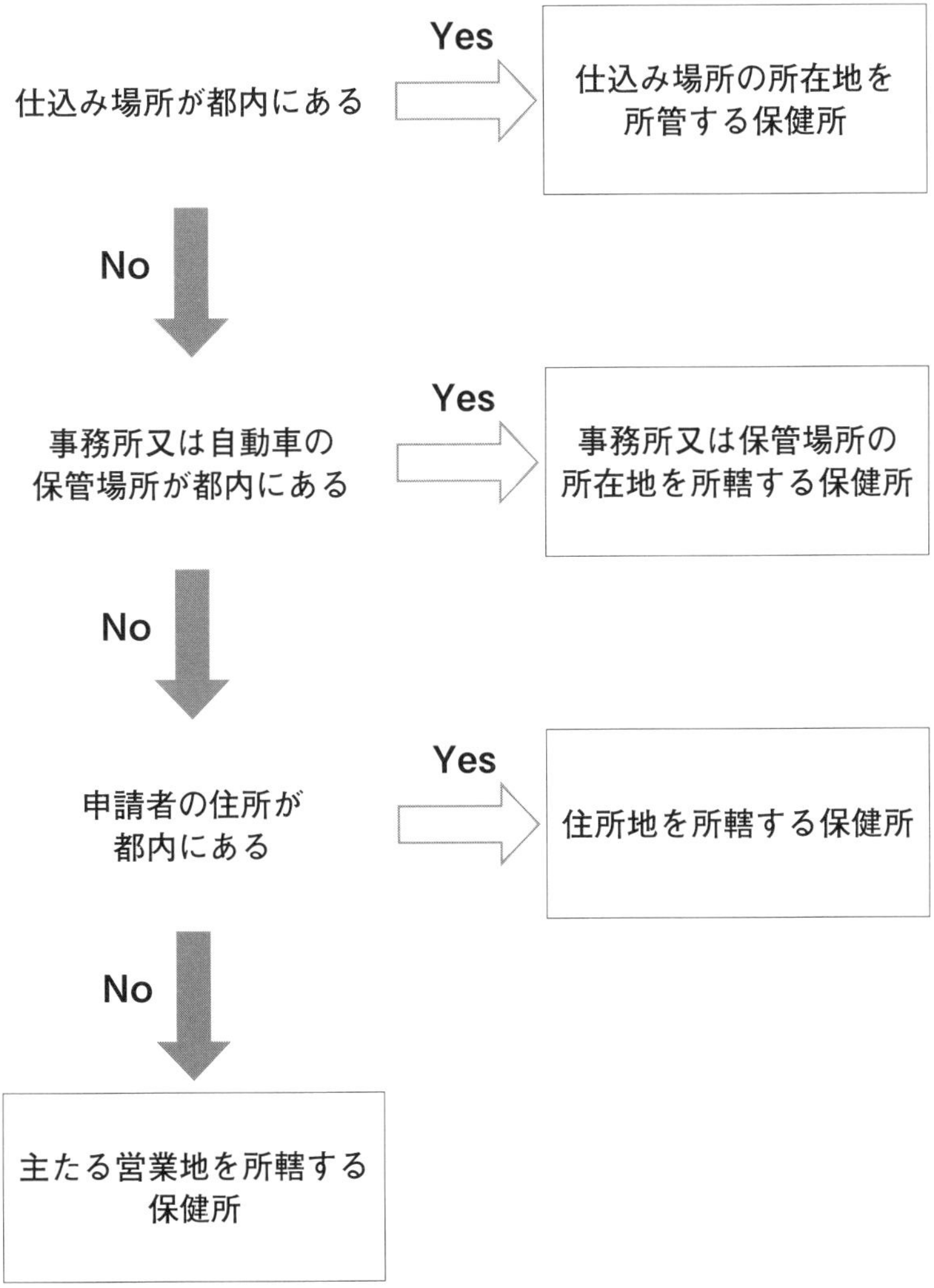
仕込み場所が都内にある
Yes
仕込み場所の所在地を所管する保健所
No
事務所又は自動車の保管場所が都内にある
Yes
事務所又は保管場所の所在地を所轄する保健所
No
申請者の住所が都内にある
Yes
住所地を所轄する保健所
No
主たる営業地を所轄する保健所

仕込み場所について

仕込み場所については、簡単に説明しておくと次のようになります。

・自動車で取り扱う食品の調理、包装等
・器具等の洗浄、消毒
・給水タンクへの給水
・食品、容器包装等の保管

仕込み場所は、以上のような作業や仕事を行うための施設です。東京都の場合、２００５年10月に条例改正があり、キッチンカーによる移動販売は原則的に仕込み場所がないと営業ができなくなりましたので注意してください（事前仕込みのない食品や、給水タンクが２００リットルの場合を除きますが最終的には保健所に確認して下さい）。

専用の厨房施設を用意するのではなく、自宅の調理場を仕込み場所にする場合は、保健所が想定する設備基準をクリアしていれば可能です。

仕込み場所と営業地が、異なる自治体にまたがる場合

仕込み場所と営業地が離れている場合についても解説しておきましょう。

例えば、神奈川県に仕込み場があり、そこで調理したものを車に積んで都内で営業をするといった、仕込み場所と営業地が離れている場合です。こうしたケースはよく見かけます。

このケースでは、仕込み場所の営業許可は1ヵ所で、それにキッチンカーの営業許可は2ヵ所必要となります。つまり、異なる自治体にまたがる場合は、それぞれの自治体での営業許可を取得しなければなりませんので、注意してください。

営業許可申請に必要な書類

申請書類の提出は、施設工事完成予定日の約10日前をめどに提出するといいでしょう。

申請に必要な種類は、個人と法人では基本的には同じですが、多少違うところもあるので注

意してください。

必要な書類を書きだしておきましょう。

・営業許可申請書……1通
・営業設備の大要・配置図……2通
・営業の大要……1通
・仕込み場所の営業許可書の写し（営業許可がある場合）……1通
・許可申請手数料
・車の車検証の写し…1通
・キッチンカーの車庫証明や地図…1通
・食品衛生責任者の資格証明書類…1通

が必要です。

法人の場合は右記の書類に加えて、登記事項説明書も1通が必要になります。

食品衛生責任者の資格を取得する

加えて、衛生的な管理運営をするために、施設ごとに食品衛生責任者をおかなければならない決まりになっています。これは一般の飲食店営業許可の場合でも同じことです。この他に、個人でも法人の場合でも、食品衛生責任者の資格を証明するもの、例えば、食品衛生責任者手帳などが必要となります。

食品衛生責任者の資格は、次のように定められています。

①栄養士、調理師、製菓衛生師、食鳥処理衛生管理者もしくは船舶料理士の資格又は食品衛生管理者もしくは食品衛生監視員となることができる資格を有する者

②食品衛生責任者の資格取得のための養成講習会修了者

右記の①の資格を持っている人は、あまり多くはないと思います。なので、ほとんどは②の方法で資格を取得します。

初めて移動販売に取り組む人の中には、「食品衛生責任者の資格をとるのはたいへんなのでは」と言う人が少なくありません。しかし、そんなに難しく考えることはありません。講習会に出席し（事前に予約が必要）、最後に簡単なテストを受けて修了書をもらえば、１日で資格

は取得できます。

ちなみに東京都での資格取得に関しては「社団法人東京都食品衛生協会」（※）で受け付けています。それ以外でも、各自治体には食品衛生協会がありますので、確認してみてください。あらかじめ地域の保健所で確かめておきたいのは許可申請手数料です。全国どこでも同じ料金ではなく、地域によって金額が違うので前もって確認しておく必要があります。

※一般社団法人東京都食品衛生協会　TEL 03-3404-0121　https://www.toshoku.or.jp/

営業開始後に必要な手続き（申請内容の変更）

やっとのことで営業許可も取得し、いよいよキッチンカーの移動販売がスタートだ！　という人には、さらにもう一つ、営業開始後に必要な手続きも知っておいてください。なにかあったときに便利なので、説明しておきましょう。

どのようなときに必要になるかというと、第一に、営業許可申請書または営業設備の大要に記載した事項を変更したときです。

例えば、住所（法人所在地）や営業車のレイアウトなどの変更があったときです。これは、どのように変更したかの届出が必要になります。営業許可申請事項変更届に営業許可書および変更内容を明らかにする書類を添えて、営業のあった日から10日以内に提出します。

営業開始後に必要な手続き（商売の継続）

初めてこの商売を始めたの人の中には、営業許可書は一度取れば永久的に使えると思っている人もいるかもしれません。しかし営業許可は、入国許可証明のビザと同じで、有効期限があります。

期限については地域によって異なりますが、営業許可期限終了後も引き続き営業する人は、期限満了時前に許可申請手続きをすることが必要です。その時、許可期限満了日の約1カ月前に必要な書類を提出すること。必要な書類には次のようなものがあります。

・営業許可申請書
・現に受けている営業許可書（営業設備の大要・配置図・営業の大要添付）

・営業許可更新手数料
・食品衛生責任者の資格を証明するもの（食品衛生責任者手帳等）

以上、キッチンカーによる移動販売をはじめるにあたり、基本的な事項について紹介しました。
これらはあくまで原則であることに注意してください。細部については対応してくれる保健所の担当者によっても微妙に違ってきます。相談した担当者によっては、無理なお願いを聞いてくれることもあります。またその場の雰囲気や、話の作りこみで相談の合意が得られる場合もあります。

特に、自治体の主催するイベントの場合、街づくり・街の賑わい・街の活性化には。柔軟に対応してくれる場合が結構あるものです。現実問題として、担当者レベルであってまさしく「具合」となる話術が必要になってきます。

東京都に関しては、「東京都福祉保健局」（※）のHPでも詳細を確認することができますので、チェックしてください。

※東京都福祉保健局　https://www.fukushihoken.metro.tokyo.lg.jp/

調理営業車で営業を行う際の設備例

食品に関する営業には、固定店舗を構えた飲食店やキッチンカーによる移動販売など、いろいろな種類があります。

これらのうち、自動車に施設を設けて行う営業については、食品衛生法または各都道府県の食品製造等取締条例で定められている営業許可が必要になります。

なお営業許可は、都道府県によって、また地域によって基準の内容が異なる場合がありますから、注意が必要です。

ここでは、東京都福祉保健局の「自動車関係営業許可申請等の手引き」をもとにして、これから移動販売をはじめる人のために、「こうしたことは知っておきたい」「こんな点は注意しておきたい」といった事柄を中心に烏川流にアドバイスをします。

次ページの図表では、「調理営業車」で営業を行う際の設備例を挙げました。特に重要な点については、各ページでその内容を紹介していますので、チェックしてください。

★給水タンクの容量と、
食品及び食器類の取り扱い（110～112ページ参照）

設備する給水タンクの容量によっては、販売できる食品やその数も決まってくる。法改正後大きく変わった部分もあるので、しっかり押さえておきたい。

保管設備

器具類を衛生的に保管する設備。

構造

十分な明るさを有する構造。床、内装及び天井は、清掃しやすい構造に。

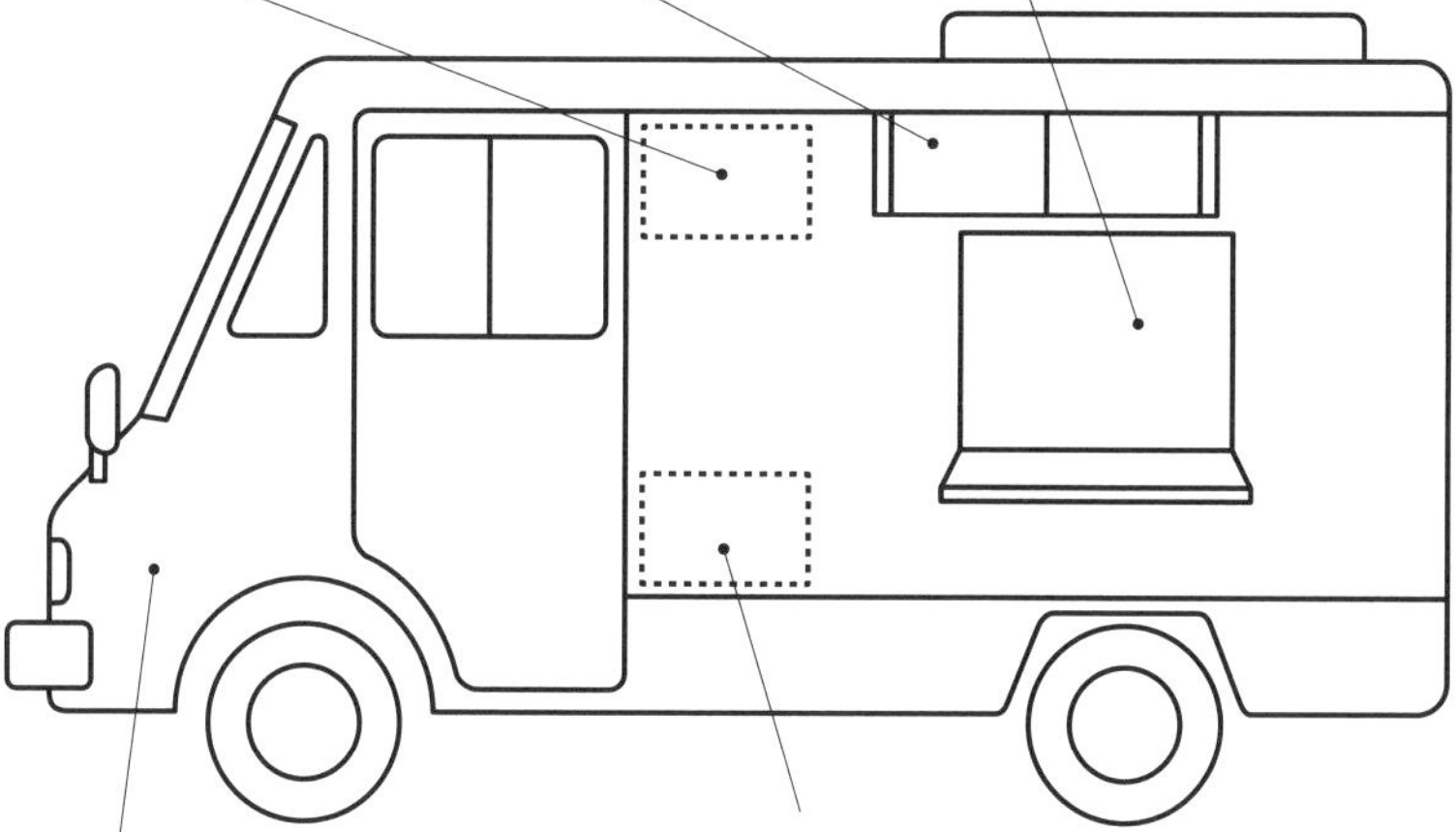

排水タンク

給水タンクと同等の容量のものを設置する。

★営業車の分類（106～108ページ参照）

移動販売は、大きくは「調理営業」と「販売業」に分かれる。自分がどの分類に入るのかを確認しよう。

★営業車の設備基準
（108～110ページ参照）
シンクや手洗い場の有無、照明など、営業車に必要な基準について紹介する。

★営業車の設備設置のノウハウ
（115～116ページ参照）
電気式冷蔵庫の設置や、小型車での大容量の給水タンクの設置などのノウハウについて紹介する。

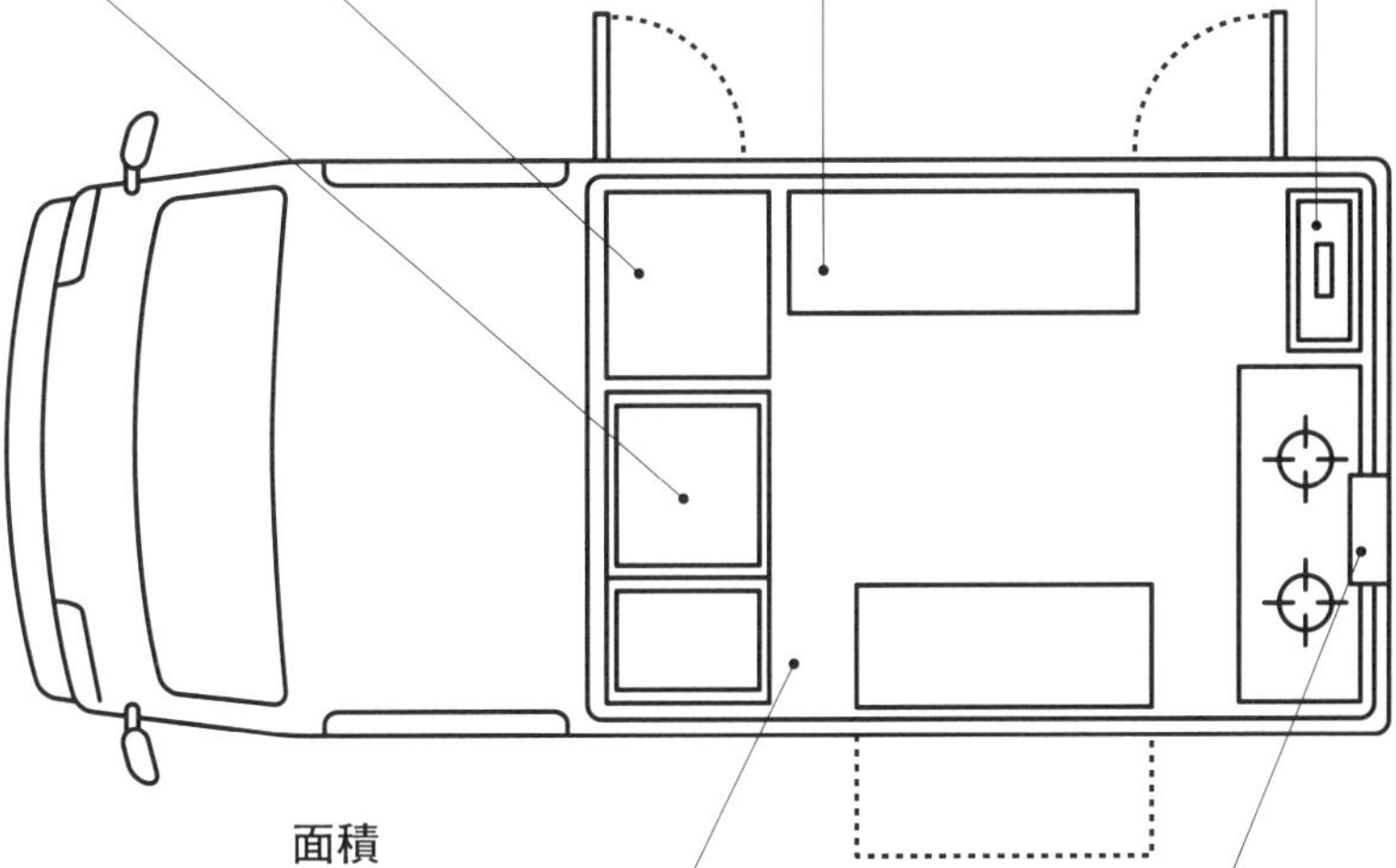

電源装置
営業のために必要な電力が供給される電源装置を、食品衛生上支障のない場所に備える。

廃棄物容器
ふたがあり、十分な容量があり、清掃しやすく耐水性のあるものを用意する。

面積
取り扱い品目及び取り扱い量に応じた、十分な面積が確保されていること。

換気設備
換気できる設備又は構造を必要に応じて設けること。

★許可条件の注意事項
（112～113ページ参照）
うっかり見落としがちな事例について紹介。

★営業許可書の手続き
（120～127ページ参照）
申請から開業までの流れ、さらに申請時に必要な書類などについて説明する。

★営業開始後に必要な手続き（128～130ページ参照）
開業後の住所変更などについて。

あとがきに代えて

人と人との触れ合いがままならない、あまり良くない時代です。本書で繰り返し述べてきたように、人との触れ合いが難しい時代だからこそ、キッチンカーはお金で買うことのできない愛情を表現できる、人間にとって素晴らしい商売です。お金儲けはいつの時代でもどの業種でも難しいものですが、努力の裏に、かけがえのない面白みがあります。自分を主張できる、自分の存在感を作るには、キッチンカーによる移動販売は、とても良い商売、踊れる舞台だと思います。

コロナに収束の光が見え、イベントが再開されるなど、人の流れが前向きになっていると感じます。その中で、キッチンカーの未来にも明るさが見えてきました。まだまだ、できることがたくさんあると思います。平和な世界になったら、お金ともつながってくるでしょう。

半世紀前に親父がホットドッグの屋台を始めた東京の晴海ふ頭は、残念ながら2021年で閉鎖となりました。弊社にとっても私個人にとっても、ゆかりのある土地がなくなってしまうのは、寂しいことです。

思い出の場所は無くなっても、キッチンカー商売を始めてくれた親父に伝えたいことは「ありがとう」、それだけです。親父の後を引き継ぎ、この商売を通じて、僕は幸せな人生をいただいています。「お前の好きなこと、何でもやりなさい」と言ってくれた親父とお袋に、感謝です。

㈱ワークストア・トウキョウドゥ
代表　烏川　清治

烏川　清治（うかわ・きよはる）

1963年、東京都大田区に生まれる。10歳から父の屋台を手伝い始め、18歳で独立。移動販売を行いながら、イベントのンケータリングも手掛ける。フジロックフェスティバル、サマーソニック、ロックインジャパンなどの国内有数の音楽イベントに多数参加。1998年、株式会社ワークストア・トウキョウドゥを設立し、代表取締役に就任。2003年に「ネオ屋台村」を東京・サンケイビルで開始。

株式会社ワークストア・トウキョウドゥ
〒146-0094　東京都大田区東矢口3-30-14
TEL03-3737-3000　FAX03-3737-7733
https://www.w-tokyodo.com/

新しい時代のレストラン業態

成功する キッチンカー移動販売 開業法

発行日　令和4年4月25日初版発行

著　者　烏川　清治（うかわ・きよはる）
発行者　早嶋　茂
制作者　永瀬　正人
発行所　株式会社旭屋出版
〒160-0005
東京都新宿区愛住町23-2ベルックス新宿ビルⅡ6階
郵便振替　00150-1-19572

販売部 TEL 03(5369)6423
FAX 03(5369)6431
編集部 TEL 03(5369)6424
FAX 03(5369)6430

旭屋出版ホームページ　https://asahiya-jp.com/

印刷・製本　株式会社シナノ　パブリッシング　プレス

ISBN978-4-7511-1462-9　C2034
Printed in Japan